日韓 歴史家の誕生

木畑洋一 車河淳 [編]

東京大学出版会

THE MAKING OF HISTORIANS:
JAPAN AND KOREA
KIBATA Yoichi and CHA HaSoon, editors
University of Tokyo Press, 2008
ISBN978-4-13-0-023055-1

日韓　歴史家の誕生／目次

凡　例

一、注は、本文中に注番号を付し、各章の末尾に付した。その際、編者が付加した注については、注の最後に（編者注）と記してある。この記載がないものは、執筆者による原注である。

一、本文中および「本書に関わる日韓関係史年表」で＊または※を付した語については、本書の末尾の「読み解くためのキーワード」で簡単な解説がなされている。＊は歴史的用語、※は人名である。なお、同じ言葉が同一章で複数回使われている場合には、初出時のみ記号を付した。

一、韓国側執筆者が用いている用語の内、日本の読者に馴染みがないと思われる用語でも（たとえば「北韓」）、韓国側の慣用を尊重して、訳文にそのままの形で残しているものがある。

はじめに

日韓歴史家会議と「歴史家の誕生」

木畑洋一・車河淳

本書は、日本と韓国の代表的な歴史家が、歴史家としての自らの成長の過程や、歴史家として育つ上で糧となったことがらなどを、時代的背景とともに語った講演の記録から成っています。ここでは、そのような講演が行われるに至った背景を説明するとともに、講演記録を読むにあたって着目していただきたいと編者たちが考えている点について、簡単に述べてみたいと思います。

本書に収録されている講演は、日本と韓国の歴史家が相互の歴史研究の成果を交流する日韓歴史家会議の公開講演会で語られたものです。日韓歴史家会議は、二〇〇一年に第一回会議が持たれ、それ以降現在（二〇〇八年）まで毎年秋にソウルと東京で交互に開催されてきていますが、公開講演会はその第二回会議（二〇〇二年に東京で開催）の際に初めて開かれたため、開催回数は本会議と一回ずれています。本書に収められているのは、その第一回公開講演会（二〇〇二年）から第六回公開講演会（二〇〇七年ソウル）までの記録です。本書では、東京で開かれた講演会についてはは日本側講師の講演を先に、ソウルで開かれた講演会については韓国側講師の講演を先に置く、という構成をとりました。

日本と韓国の間で、歴史のとらえ方、歴史認識をめぐってさまざまな議論が行われていることは、改めて強調する必要もないでしょう。とりわけ、日本による朝鮮の植民地化と植民地支配に関しては、歴史認識の激しいずれや対立が露呈する場合も多くあります。そのような状況を克服するために、日本と韓国の歴史家や歴史教育者、さらに歴史に関心をもつ幅広い人々の間で、多様な対話の試みがなされてきています。たとえば、東京学芸大学とソウル市立大学を中心とする歴史研究者と歴史教員が長年にわたって研究会を重ねた結果作られた、歴史教育研究会（日本）・歴史教科書研究会（韓国）編『日韓歴史共通教材　日韓交流の歴史――先史から現代まで』（明石書店、二〇〇七年）などは、そうした対話の貴重な成果であるといえましょう。

日韓歴史家会議もそのような対話の試みの一つです。ただし、この会議には大きな二つの特色があります。

一つは、日韓両国政府が関わっている歴史学の交流だという点です。この会議は、一九九七年に両国政府によって結成された「日韓歴史研究促進に関する共同委員会」の最終報告書（二〇〇〇年五月）が、歴史研究促進のための交流の場の拡充を提起したことを受けて発足しました。ただし、会議は歴史学の国際的組織として代表的な存在である国際歴史学会議の日韓両国の国内委員会が支え（日本では、日本学術会議史学委員会の国際歴史学会議等分科会国際歴史学会議小委員会が国内委員会となっています）、両国の運営委員会（日本側運営委員は、宮嶋博史、濱下武志、木畑洋一、韓国側運営委員は、車河淳、呉星、李泰鎮）が運営する形となっており、両国政府は会議の内容には一切関与していません。

二つ目は、会議で扱う対象が、日本史や韓国史、あるいは日韓関係史に限られることなく、きわめて幅広いということです。この点は、両国間での歴史関係の交流に日韓関係を主軸とするものが多いことを考えると、大きな特色であるといってよいでしょう。上記の「日韓歴史研究促進に関する共同委員会」の勧告によって、この会議とほぼ同時に発足した日韓歴史共同研究プロジェクト（現在はその第二期目が進行中）が、もっぱら日韓関係に関わる歴史認識を対象としていることとも好対照をなしています。この会議のそうした性格は、毎年の会議テーマによくあらわれていますので、それを以下に示しておきます。

第一回会議（二〇〇一年）　一九四五年以後の日韓両国における歴史研究の動向

第二回会議（二〇〇二年）　世界史の中の近代化・現代化
第三回会議（二〇〇三年）　ナショナリズム
第四回会議（二〇〇四年）　歴史研究における新たな潮流—伝統的知識の役割をめぐって
第五回会議（二〇〇五年）　歴史における宗教と信仰
第六回会議（二〇〇六年）　歴史家はいま、何をいかに語るべきか
第七回会議（二〇〇七年）　反乱か？　革命か？

もちろん、日韓関係、とりわけ日本が韓国を植民地としていた時代の問題に、どう向き合うかという点は、この会議のいろいろな局面で議論の伏流となってきました。しかし、この会議では、両国のナショナリズムを論じるにせよ、支配と被支配をめぐる集合的記憶について語るにせよ、ヨーロッパの経験と比較したり、世界史の大きな流れの中で位置づけたりするといった試みがなされてきたのです。

そのような方向をめざす歴史家個々人の間の対話を重視するために、この会議は専門家会議として一般には公開されない形で出発しました。しかし、両国の第一線の歴史家が集まる会議が開かれるに際して、公開講演も同時に開催した方がよいとの意見が第一回会議の後に出され、東京で開かれた第二回会議の時から「歴史家の誕生」という公開講演会のシリーズが始まることにな

ったのです。

この公開講演会では、最初の年度に日本側の歴史家二人と韓国側の歴史家一人が講演を行ったほかは、毎年両国の歴史家一人ずつが講演を行ってきました。日本側、韓国側とも、ここに登場している歴史家は、第二次世界大戦後における歴史学研究の先達といってよい方々ばかりで、こうした方々の体験が一書の中にまとめられるのは、記念すべきことだといってよいと思われます。


そのような歴史家たちの講演記録をどう読むか、編者自身の考えを記しておきましょう。

名著『歴史とは何か』におけるE・H・カーの有名な言葉、「歴史を研究する前に、歴史家を研究して下さい。〔中略〕歴史家の歴史的および社会的環境を研究して下さい。」に示されるように、個々の歴史家が育ってきた環境を知ることは、その歴史家が生み出した研究成果を理解していく上で、大きな意味をもっています。どのような時代背景、社会的背景のもとで歴史家が問題意識を育み、対象を選び取り、研究活動を行っていったかという情報に接することで、読者の眼は拡がるのです。

日本の読者にとっては、本書に登場している日本の歴史家の場合にそのことがよくいえます。この方々の著作に接したことがある読者は、本書を読んで改めてなるほどとうなずくことも多いでしょう。

他方、日本の読者にとって、本書に登場する韓国の歴史家の場合は、具体的な作品との連関を実感しえない場合がほとんどであろうと思われます。そのような状況が改善されるため、韓国の歴史学の成果が日本により多く紹介されることを編者としては望むものですが、たとえ研究成果そのものに接したことがない者にとっても、本書で語られる韓国の歴史家の体験は、それ自体きわめて興味深いものです。それは、この方々が日本によって植民地とされていた時期の朝鮮で少年時代を送り、第二次世界大戦の終結、日本の敗北によって朝鮮半島が植民地支配から解放された後、歴史家としての道を歩みはじめた過程を、異口同音に語っているからです。知の自由が制限された植民地時代からの大きな変化の中で、韓国の若い歴史学徒が何を目指し、いかなる学問的挑戦を行ったかということについての回想は、かつての植民地支配国であった日本の読者に強く訴えかける力をもっています。李元淳氏の報告は「解放空間の一歴史学徒」というタイトルのもとで解放直後の空気を生き生きと伝えていますし、金容燮氏も解放後の中学生活の中で進路を探った思い出を感動的に述べています。より年長の高柄翊氏や李基白氏は、植民地時代に日本で学んだ後解放を迎え、歴史学の方法を模索した様子を語っています。

各講演はまた、それぞれの歴史家たちが、どのような形で歴史家としての成長をとげていったかについて、さまざまな興味深い点を提示してくれています。

歴史家として、史料にいかに向き合っていくかということは、最大の課題です。たとえば、中塚明氏が、戦後日本における朝鮮史研究の先駆者であった山辺健太郎氏に導かれて、第一次史料によって歴史を叙述することに取り組みはじめたことや、西川正雄氏がアメリカ留学中にハルガルテン氏のもとではじめて「生の史料なるものに接した」こと、柳永益氏がハーヴァードのイェンチン図書館で東学関係の史料を徹底的に読み込んだ結果「そのときまで本当に信じていた著名な国内学者の著述は信頼できない」と感じたことなど、史料との接し方にまつわる回想は、本書でも一つの軸となっています。

同時に、歴史研究に関わる理論や史観との格闘についても、随所で触れられています。その点でひとつ特徴的なのは、韓国の歴史家にとって何よりも問題となったのが、日本による植民地支配で韓国側におしつけられた植民主義史観であったということです。韓国側の方々のすべての講演を貫いているともいえるこの要素に、日本の読者は十分に注意をはらうべきでしょう。

日本、韓国それぞれに第二次世界大戦後の社会が変化する中で、歴史家がそれにどう対峙していったかという点も重要です。安丸良夫氏は、高度成長と近代化論、一九六〇年代の若者の反乱とベトナム戦争、一九八〇年代末の天皇の死と新天皇の即位、といった問題が自らの歴史学にどのような変化をもたらしたかを語っています。和田春樹氏のベトナム反戦運動や韓国民主化運動での活躍はよく知られていますが、そうした運動が和田氏の歴史家としての軌跡にどのように関わったかがまとまった形で提示されているのは貴重です。また韓国側では、編者でもある車が一九八〇年夏に韓国で最初の『現代史』という専門誌の発刊に関わったものの、政府による弾圧で創刊号のみで終わってしまったという体験を述べています。

日本と韓国の歴史家の、世界の他国との関わり、他国の歴史家との関わりについても、西川氏や柳氏のアメリカでの留学経験、さらに樺山紘一氏のカタロニア滞在経験や国際歴史学会議への関与など、本書にはいくつか豊かな経験が述べられています。

それと位相は異なりますが、日本と韓国の歴史家が互いに相手国の歴史家や思想家からいかなる影響を受けたかについての情報にも注目しておきたいと思います。板垣雄三氏は、韓国民衆の視点から歴史をとらえた咸錫憲氏の研究をいかに高く評価するかということを、それを板垣氏に教えてくれた梶村秀樹氏への想いとともに語っていますが、この咸錫憲氏の仕事は、韓国側でも李基白氏が若い日に感動深く読んだものとしてあげています。咸錫憲氏は東京高等師範学校在学中に内村鑑三の無教会派キリスト教に傾倒したとのことですが、李基白氏がやはり無教会派のキリスト者であった矢内原忠雄によって「学問は真理を探究することを目的とする」という信念を鼓吹された、と語っておられることも、目を引きました。矢内原と同じくリベラリストであり、その思想ゆえに矢内原と同じように日中戦争の最中に東京帝国大学を追われた河合栄治郎の著作が読書の導き手となったという共通の経験は、高柄翊氏と柳永益氏によって触れられています。

また本書の中では、歴史研究者が歴史教育にどのように関わってきたかという点についても語られています。佐々木隆爾氏の「歴史家の誕生」は、いったん停年退職された後の再就職先での経験を対象にするという異色のものですが、学生の知的要求に積極的に応えつつ歴史教育に改めて臨むという新たな職場での体験が、自らにとっての「歴史家の誕生」の契機となったことを熱く語られています。一九八二年の教科書検定問題が大きな転機となって、中高校の教師の方々などと「比較史・比較歴史教育研究会」を発足させた西川正雄氏の軌跡にも注目したいと思います。

こういった諸点は、本書を編集する過程で編者が特に重要だと思ったことで、あくまで本書をひもといていただく上での一つの参考意見にすぎません。読者の皆様には、それぞれの関心に即して、日韓両国のすぐれた歴史家たちの回想を読んでいただきたいと思っています。

最後になりましたが、本書に報告が収録されている方々の内、高柄翊氏、李基白氏、西川正雄氏の三氏がすでに逝去された、という悲しい事実にも触れておかなければなりません。三氏のご冥福を心からお祈りいたします。

（木畑洋一執筆）

韓国・中東・世界

板垣雄三

〔第一回——一（二〇〇二年）〕

1　ヨコの連帯、統治の学習、そして底辺から見る世界

大学新聞などに書いたものを別とすれば、『資本主義的ヨーロッパの制覇』（東洋経済新報社〔世界史講座第四巻〕、一九五四年刊）に収められた「エジプトの歴史」が、市販される書物の原稿として書いた私の最初の作品です。大学を卒業した翌年に出た本で、まだ勉強しはじめたばかりのエジプト近代史を俯瞰的に素描したものでしたが、それなりに工夫して、日本からの視座で中東を見る構成にしました。明治期日本人のエジプトとの関わり方を、渋沢栄一（青淵）『航西日記』（耐寒同社、一八七一年、のちに、『世界ノンフィクション全集』第一四、筑摩書房、一九六一年、に収録）、東海

散士『埃及近世史』〔序文・谷干城〕（八尾書店、一八八九年）、クローマー卿※『最近埃及』上・下〔序文・大隈重信〕（大日本文明協会、一九一一年）、の三つの書物を手がかりに、考えはじめようとしたのです。

そこで私がとくに強調したのは、二〇世紀初頭つまり日露戦争を境にして日本人の意識の上に大きな転換が起きたことでした[1]。スエズ運河の建設工事を見た渋沢が、因習に沈むエジプト人を一蹴して西洋の壮大な事業に感激し、優勝劣敗の欧米中心主義に染まる、という素地は、すでに見られたとしても。

日本は、一九世紀半ば「開国」にともない、欧米に強要された不平等条約のもとで苦しみ、条約改正を求めて相手の欧米からエジプトで実施されていた「混合裁判所」（判事の半数が外国人）など隷属的な法制の先例を受け容れるよう要求されました。欧米視察に出たはずの谷干城農商務大臣の一行（東海散士こと柴四朗はその一員）は、エジプト現地の実情を観察し、セイロン島（スリランカ）に流刑となっていたアフマド・オラービー（エジプト民族運動指導者）を訪ねて征服者＝英帝国にいかにして屈したかを問いかけました（一八八六年）。こうして生まれた『埃及近世史』には、圧迫される民族への共感のまなざしが貫いており、谷は序文で、日本の読者に対して、エジプト人の経験に照らして奮励・警戒するよう期待しています。東海散士がべつに書いた政治小説『佳人之奇遇』の長篇は、オラービーが主人公「亜剌飛《アラビ》侯」として登場するだけでなく、世界を舞台に各地で燃え上がる独立運動の志士たちが交流しあう空想を描いたもので、一九世紀末日本のベストセラーとなりました。

ところが、明治政府は、被害者意識を加害者の尊大さに転化する道具として、征韓論をもてあそびました。すでにはやく江華島事件*（一八七五年）を機にはじまる日本の朝鮮属国化への動きが、やがて日清戦争後露骨となり、日露戦争を境に韓国統監のもとでの「保護」政治ついで「併合」へと進むにつれて、日本人のエジプト観もまた視角を急転させたのです。英帝国のエジプト軍事占領（一八八二年）後ながくエジプト統治の衝にあったクローマー卿が、エジプト民族運動の新たな高まりの責任を問われ辞任した翌年（一九〇八年）、自己弁明として刊行した部厚いメモワールは、いちはやく日本語に翻訳されました。それが『最近埃及』です。訳業を推進した大日本文明協会の主宰者＝大隈は、さきにクローマー卿の演説集を伊藤（博文）統監に献呈したこともあったが、このたび韓国の地位は一変してしまった（「併合」）とはいえ、あらたにこの書によって英国のエジプト経営から学ぶことは日本の朝鮮統治に裨益するところ著しく大であると信じる、と序文で述べています。こんどは、英国のエジプト支配の経験から朝鮮支配のための技術を学習し、教訓を得ようというわけです。エジプトに対してかつて日本人がいだいていた連帯感が、統治する人間の眼へとすり替わったわけで、この場合、変換の基軸は日韓関係にありました。

私が大学を卒業した年に書いた「エジプトの歴史」のこのような視座は、その後、「エジプトの近代と日本」〔一九六四年一〇月早稲田大学での講演記録〕、(『イスラム世界』〔日本イスラム協会〕四号、一九六五年九月)や Korea and the Middle East from a Japanese Viewpoint, *The Middle East & African Studies* (*Special Issue on Korea and Mid-East in the Changing World Order* [International Symposium, Aug. 1993/Seoul]), Korean Institute of the Middle East and Africa, 1994 などで繰り返し再検討されましたが、それは、私の中東研究とりわけパレスチナ問題研究において、また帝国主義・植民地主義と民族運動の研究において、いつも新しい展望をひらき展開を導く際の立脚点となってきました。パレスチナ人を新しい「ユダヤ人」とみる立場、すなわちパレスチナ問題をユダヤ人問題の重層化として捉える観点を、はやくから提起できたのも、帝国主義世界の重層構造、つまりパレスチナやスーダンなど「最底辺」から見た世界を論じることができたのも、そのおかげです。

私が抑圧される者の側からも世界を観るという立場で試みた論考の中で、自分自身としてことさら印象深く思い浮かぶ仕事を挙げてみれば、つぎのようなものになります。

「世界分割と植民地支配」(『岩波講座世界歴史』二二巻、岩波書店、一九六九年)

『アラブの解放』(平凡社〔ドキュメント現代史一三〕、一九七四年)

イブラーヒーム・スース(西永良成訳)『ユダヤ人の友への手紙』所収の板垣による解説「『ユダヤ人の友への手紙』に寄せて」(岩波書店、一九八八年・二〇〇一年)

『石の叫びに耳を澄ます』(平凡社、一九九二年)

私が堀米庸三編『現代歴史学入門』（有斐閣、一九六五年）に収められた「歴史家と現代」を書いたとき、民族的自覚と知識人の役割に関して、顧頡剛《こけつごう》※、パニッカル※とともに咸錫憲《ハムソッコン》に注目しました。私は、梶村秀樹が『日本読書新聞』（一九六四年九月一四日号）に寄稿した「南朝鮮の思想家」を紹介しながら、咸錫憲のつぎの言葉を引用したのです。

「我々の歴史は我々の偉人さによってでなく、我々の負わねばならなかった荷の偉大さによって貫かれている。朝鮮は世界の下水溝である。あらゆる苦難に耐えながら生き続けてきた民衆のみがこの国の歴史を動かしうる」。

2　咸錫憲、梶村秀樹、そして私

本日、日韓歴史家会議の開催記念公開講演会において、私がお話したい本題は、じつはここからはじまります。私は東京大学文学部西洋史学科を一九五三年に卒業しましたが、六〇年から東京大学東洋文化研究所助手となり、六五年にカイロでの在外研究に出るまで、六三年から二年間を東洋史出身で朝鮮史専攻の梶村秀樹と同じ職場の同僚として過ごしました。今は亡き梶村秀樹（一九八九年没）という日本人歴史家の存在を懐かしみ、歴史家梶村の形成・成長が、その深部で、咸錫憲の思想、すなわちシアル（民衆）の自由を求めて、韓国民衆の苦難の現実にこめられた世界史的トゥッ（意味、こころざし）を捉えかえそうとする抵抗思想から、いかに強い刺激を受けたものだったか、ということを考えつつ、そのことを、朝鮮研究者たることにこだわった彼と主観的には連帯しつつ中東研究者たらんと志してきた私が、どのように見、また感じてきたか、を語ってみたいと思います。

表向きには、私は彼と一緒の仕事をしたことがありませんでした（私と同業のアラブ研究者、冨岡倍雄《ますお》は彼と共著を産出したが）。彼と私は専門を異《こと》にして別々の世界に生きていたと見えるかもしれません。社会に働きかける熱意や志向性は共通していても、活動のスタイルは違って見えたでしょう。しかし、本日「歴史家の誕生」という題のもとに梶村および彼をとおして咸錫憲を記念することは、私の義務であるようにさえ感じられるのです。

日韓歴史家会議の「公開」講演会という性質上、まず伝記的基礎情報を簡略に示すことをお許し願いたいと思います。

まず、咸錫憲について。以下は、『朝鮮人物事典』（大和書房、一九九五年）所載の文京洙の記述によることを、感謝とともにおことわりしておきます。

咸錫憲（ハムソッコン、一九〇一―八九年）

宗教思想家。平安北道生まれ。一九二八年に東京高等師範学校を卒業するが、在学中、内村鑑三※の無教会キリスト教に傾倒。帰国後、母校五山学校*の教師となり、解放後ソウルに移り、古典的労作といわれる『意味から見た韓国歴史』を発表した。四月革命に際して「革命の完遂」を訴え、クーデタ以後は一時期、軍部の再建国民運動に参加したが、六三年には「三千万同胞に訴える」を発表して軍事政権批判に転じた。七〇年、雑誌『シアレソリ（種子の声）』発刊、七三年「民主回復を求める時局宣言文」に名を連ねるなど、その後も一貫して民主化と統一を訴え続け、八三年には金泳三の断食闘争を支援して、文益煥らとともに「緊急民主宣言」を発表した。

私の本日の講演に関連する咸錫憲の著書の日本語訳を挙げておきましょう。

『苦難の韓国民衆史』（金学鉉訳）咸錫憲著作集二（新教出版社、一九八〇年）〔改題されていますが、『意味から見た韓国歴史』の日本語訳〕原著は、植民地時代に秘かに記された論説を基に、まず『聖書的立場で見た朝鮮歴史』として一九五〇年に刊行され、六二年に改題・改訂されて一宇社から出版されたものです。

『死ぬまでこの歩みで』（小杉尅次訳）咸錫憲著作集一（新教出版社、一九八〇年）

『日本に訴える——韓国の思想と行動』（大村益夫・梶井陟・梶村秀樹・渡部学訳）（太平出版社、一九六六年）

続いて、梶村秀樹について。以下は、『梶村秀樹著作集』別巻（明石書店、一九九〇年）所載の「年譜」を参照しながら、板垣が作成しました。

梶村秀樹（かじむら・ひでき、一九三五―八九年）

歴史家、朝鮮研究者。在日韓国・朝鮮人をはじめ在日アジア人の人権の擁護と日本人の意識変革とのための活動を、学問の課題として追求する仕事に献身した。

東京生まれ。少年時代、裁判官の父の転勤で甲府、浦和などを転々としたが、一九五九年東京大学文学部東洋史学科卒業、大学院に進み、六三年東京大学東洋文化研究所助手となる。この間、五八年朝鮮近代史料研究会、五九年初め朝鮮史研究会、六一年日本朝鮮研究所の、それぞれ創設に参加。朝鮮史研究会は六三年以降幹事となり、終生その発展に尽くした。六〇年代末より在野研究者となり諸大学の非常勤講師をかけ持ちするが、七三年神奈川大学経済学部助教授、七九年同教授となる。諸大学の学生を情熱を燃やして指導激励したが、六八年金嬉老事件*を機に公判対策委員会の世話人となり、社会的活動を拡げた。七〇年現代語学塾、七九年調布ムルレの会、八五年指紋押捺撤廃を求める調布市民の会、八六年神奈川指紋拒否者相談センター、八七年アジア人労働者問題懇談会、八八年川崎市ふれあい館や民族差別と闘う神奈川連絡協議会などの設立にかかわり、朝鮮の会パラム文化講座や青丘社の地域調査活動に協力。就職差別、外国人登録法問題、指紋押捺拒否、韓国政治犯支援、等々、法廷での証言、法務省との交渉、個別事案の支援救援活動に奔走する一方、教科書問題、マスメディアの報道、閣僚失言問題などについて社会的発言をおこなった。著書は、『朝鮮における資本主義の形成と展開』（龍渓書舎、一九七七年）、『朝鮮史――その発展』（講談社現代新書、一九七七年）、『発展途上経済の研究』〔冨岡倍雄と共著〕（世界書院、一九八一年）、など。朝鮮社会の内発的発展の意義を力説した。没後、『梶村秀樹著作集』全六巻・別巻（明石書店）が刊行され、主要論文はすべて著作集に収録された。韓国で翻訳出版された文献リストは同別巻〔回想と遺文〕で見ることができる。享年五三歳。

彼が世を去る一九八九年が、彼が強烈な影響を受けた咸錫憲の亡くなる年であったばかりでなく、二〇世紀社会主義の終わり、新しい社会運動の時代のはじまり、そして市民のたえざる自己革新の未来、を表象する年でもあったことは、暗示的です。

一九六〇年代の早い時期に、梶村は、咸錫憲の思想的営為に関する情報を私に教えてくれました。そのときの語り口を鮮やかに思い出させるような梶村の文章を、ここに拾い出してみたいと思います。それらはいずれも、歴史家的主体としての彼の、魂と生きざまとを突き動かしていたに違いない問題関心の方向を明示する記述ともなっています。

〈資料1〉 梶村の関心方向を示す記述の一端

[A]「国際的条件をあえて見まいとするのではなく、それを直視しつつむしろ逆手にとる中でつらぬいていこうとするナショナリズムであり、開かれたナショナリズムだと思います。咸錫憲さんが韓国民衆に一貫して呼びかけていることがまさにそのことだと思います。「世界史の罪を一身に被りながら、あえぎながら生きてきたこの苦難の生は、だからこそ、民族的に意味を持つだけでなく、世界史的な使命を与えられているのだ。世界史の罪を逆転できる力は、その最底辺の苦しみを経てきたもののなかからこそ、ほんものが生まれうるはずだから」――このような言葉で、咸錫憲さんは、民衆的ナショナリズムのいわば国際的な意味を示し、そのような価値の実現を自らに課している。私達は、日本の側から、この思想に対応できるものを、当然ちがう形で作り出していかなければならないと思うのです。」（梶村「朝鮮史研究の方法をめぐって」、一九七四年〔著作集二巻『朝鮮史の方法』、一二四―一二五頁〕）

[B]「そして、一九四五年以後においても、南朝鮮には現代事大主義発生の社会的条件が存在している。朴奉植によれば、現代事大主義の特徴は、ことばでは民族主義を標榜しながら、それを政争の道具としての範囲内でのみ使い、そのことによってこそ現実の事大関係を貫徹させていることであるという。そういうなかで、個人の内的な主体性の確立・思想変革を通じ

てのみ、事大主義・民族ニヒリズムを克服しうることを一貫してうったえ続けている咸錫憲の思想が注目される。」（梶村「朝鮮思想史における「中国」との葛藤」、一九六八年〔著作集二巻、二〇四頁〕）

C「以上にみた南朝鮮知識人の民族的・階級的視点までは、私たちはともかく頭の中ではトレースし、理解できたような気になれるかもしれない。思いがけぬ衝撃を与えられるのは、南朝鮮の民衆とともに生き、民衆として考えつつ歩むことを生涯のテーマとする咸錫憲の『意味において見た韓国歴史』である。〔中略〕いうまでもなく、「苦難の荷を背負う」ということは、単に、運命を耐え忍ぶということではない。最近では咸錫憲翁の実際の行動によって、誰でもそれを知ることができるだろう。苦難の状況の中でも、咸錫憲の視点は、単に一民族の名誉を挽回することにおかれているのではなく、世界全体に注がれている。日本さえも救わるべき対象の範囲内である。〔中略〕私たちは〔中略〕この咸錫憲の視点に対応しうる思想をもっているだろうか？　つまり、苛刻な状況のなかにありながら、咸錫憲が単にふりかかる火の粉を払おうとするだけでなく、日本人の状況と運命にまで心をめぐらす精神のゆとりを示している時、私たちは、どれだけ分断にさいなまれ続けている南朝鮮民衆の状況に思いを致しているだろうか？　もちろん、このゆとりある精神は、南朝鮮においても、普遍的実在ではなく、当為である。〔中略〕ある意味では、咸錫憲において、人間的矜持は奇蹟的にもちこたえられているのだとみるべきかもしれない。〔中略〕南朝鮮民衆と在日朝鮮人の苦難多い主体的なたたかいは、外から迫ってくる「日帝」とのアクチュアルなたたかいであるとともに、自己とのたたかい、即ち自分の内側にまで入り込んでいる「日帝」とのたたかいである。歴史の意味を確かめる営為は、そのたたかいのよりどころを獲得するためにある。〔中略〕このような営為を、私たちが涼しい顔をして客観的に眺めてだけいていいはずがない。私たちは、私たちの現場において、ないしは自分の専門領域で、日本帝国主義の内側にある自己とのたたかいに、朝鮮人以上に苦しまなければならないすじあいなのである。」（梶村「日本帝国主義の問題」、一九七七年〔著作集二巻、三二五頁、三二七頁および三二九頁〕）

3　苦難、使命、そして自己変革

うわついた「ポストコロニアル」という言葉が流行したりするより遥か以前に、すでに日本でも問題を深刻に問い直す動きがあったことを忘れるべきでありません。及ばずながら私もパレスチナ人の苦闘について、梶村と同じ思いを分かち合いつつ、世に問いかけてきたつもりです。これほどまで、歴史家梶村秀樹の誕生と成長にとって、またその達成にとって、意味をもち続けた咸錫憲との心かよう思想的交流があった証しを跡づける資料として、私は以下のような梶村の活動年表を作ってみました。

〈資料2〉　咸錫憲を読み込む思想対話の軌跡　梶村の著作・発表活動の一端

一九六四　南朝鮮の思想家（連載・朝鮮人四七、『日本読書新聞』九月一四日号）

一九六六　咸錫憲『日本に訴える』（太平出版社）の共訳にあたる

一九六八　「朝鮮思想史における「中国」」、『文化史』（大修館〔中国文化叢書第八巻〕）

一九六九　「申采浩※の歴史学――近代朝鮮史学史論ノート」（『思想』五三七号、岩波書店）

一九七〇　呉知泳『東学史――朝鮮民衆運動の記録』（平凡社東洋文庫）の翻訳

一九七四　朝鮮史研究会例会で咸錫憲『死ぬまでこの歩みで』を書評（「朝鮮史研究会会報」三九号、一九七五年四月）

講演記録「朝鮮史研究の方法をめぐって」（神奈川大学自主講座『自主講座朝鮮論』四号）

一九七七　朝鮮史研究会大会で報告「現代南朝鮮民衆運動の中での歴史像――咸錫憲『意味としてみた韓国史』を中心に」（「朝鮮史研究会会報」四七号）

「申采浩の啓蒙思想」（『季刊三千里』九号）

「日本帝国主義の問題――朝鮮からみた」（『岩波講座日本歴史』二四巻）

一九八〇　書評「苦難を背負う――咸錫憲氏の『苦難の韓国民衆史』によせて」（『福音と世

界』一九八〇年一〇月）

一九八四「歴史と文学――朝鮮史の場合」（『歴史評論』四〇九号）

しかし、咸錫憲によるこのような啓発は、決して梶村の場合だけではありません。最初に述べた私の歴史研究者・中東研究者・イスラーム研究者・「ユダヤ人問題とパレスチナ問題」研究者としての歩みにおいても、それは韓国・中東・世界を一挙につなぎ合わせる閃きをもった韓国からのメッセージでありました。このようにして、咸錫憲を介しての梶村と私という三角形を記念することもまた、あらたな意味で成立することになります。最後に、私が私自身のために選び出してみた咸錫憲先生の言葉を、お聞きいただきたいと思います。

〈資料3〉咸錫憲『意味から見た韓国歴史』からの抜粋

A 韓国史の基調〔金学鉉訳『苦難の韓国民衆史』五八―七一頁〕

「〔前略〕音楽が空気の波動によって成り立つものだとすれば、歴史は生命の波動によって成る音楽である。〔中略〕韓国史を理解するということは、そのメロディーの中で韓国という楽器（が）〔中略〕どんな音をどのように出しているか知ることである。〔中略〕わが国の歴史の底音はなんだろう？　それを知るためには三つに分けて考える必要がある。第一に地理であり、第二に民族の特質であり、第三に民族をしてその地で歴史をつくらしめるハナニム（訳者注。檀君神話につながる天人合一の神とキリスト教的神との融合した人格神）の意志である。その一は演劇でいうところの舞台であり、その二は俳優であり、その三は脚本である。〔中略〕民族の貯水池に水がたまっていなければ、宇宙に鳴り渡る生命の滝は落ちてこない。〔中略〕英雄史観や階級史観は一面の真理は語っている。しかし分析的な真理がほんとうの真理ではない。〔中略〕全体を全体としてあらしめる真理ではないということだ。〔中略〕民族主義時代は過ぎ去った。しかし〔中略〕民族主義を捨てても民族の価値は知らなくてはならない。〔中略〕韓国歴史は韓国人（民衆）の歴史である。〔中略〕韓国史となってしまったことは、韓国人が責任を負わねばならない。〔中略〕ハナニムの計画〔中略〕、摂理は韓国史の基調をどのようなものと定めたのだろうか。〔中略〕結論だけをのべよう。ところが、こう言いながらも私はためらいをおぼえる。〔中略〕語れ、と命令を受けたと思い、はっきり断言しよう。――韓国の歴史は苦難の歴史だと。〔中略〕中学生に歴史を教えるようになったが、どうすれば若い胸に栄光の祖国の歴史を抱かせることができるかと努力してみた。しかしむだだった。〔中略〕あるものといえば圧迫であり恥であり、分裂であり失墜の歴史があるだけだ。〔中略〕けれども、聖書は真理を示してくれた。〔中略〕（それが）苦難こそ韓国がかぶる茨の王冠であると教え〔中略〕、世界の歴史をひっくりかえして裏面を見せてくれ〔中略〕、人類の進む道の根本がもともと苦難であると悟ったとき、いままで虐待される端女《はしため》としか思わなかった彼女が、茨の王冠をかぶった女王であることがわかった。〔後略〕」

B「世界の下水口という使命〔金学鉉訳『苦難の韓国民衆史』三七三―三七五頁〕
苦難の荷を背負うのはわれわれが間違っているからだろうか?〔中略〕捨ててしまいたいこの歴史に世界的意味がある。〔中略〕この荷を負わせておいて、世界がわれわれに与えたものはなんであったか。「カオリ」「チョウセンジン」蔑視だ。嘲笑だ。指差しだ。〔中略〕世界の下水道になったのだ。〔中略〕われわれの使命はここにある。この不義の荷を怨みもせず、回避もせず、勇敢に真実に背負うことにある。〔中略〕それを負うことによってわれわれ自身を救い、また世界を救うのだ。〔中略〕死ぬほど苦しい。〔中略〕しかし光栄なことだ。」

C「『聖書的立場から見た韓国史』の改訂理由〔金学鉉「訳者あとがき」の紹介〕
苦難の歴史という根本の考えは変わるはずがないが、私にとって今やキリスト教が唯一の真の宗教でもなく、聖書だけが完全な真理でもない。あらゆる宗教はもとをただせば結局一つ〔中略〕である。これに加えて私の態度を決定させたのは世界主義と科学主義である。〔中略〕したがって国家主義を追放しなければならない(ⅰ)〔中略〕すべての教派主義的なもの、独断的なものを取り去って、表題も『意味として見た韓国史』と直した。〔中略〕今や信ずる者だけが選ばれ、義とされ、〔中略〕より多くの衆生を見下ろしながら楽しんでいる、そんな類の宗教には興味を持つことができない。私は少なくともイエスや釈迦の宗教はそういうものではないと思う。」

以上が、私の選んだ歴史家咸錫憲の言葉です。

これで私の話は終ります。咸錫憲先生も自己を変革していかれました。梶村も私も、自己を変革しようとして生きてきました。複雑な組み合わせの話だったかもしれません。でも、複雑な組み合わせこそ、世界の姿なのです。三題噺にお付き合いいただいたことに感謝いたします。

(1) 私が生まれたのは大韓帝国の植民地化への画期となった日露戦争から二五年後で、のちに一九四五年の「終戦」から数えて三〇年とか五〇年といった「戦後」意識が日本社会において一人歩きするのをみるにつけ、その異常さに気づくとともに、日本社会に属する私にとって自分の立ち位置の原点をたえず反省させられてきました。

「民衆史」と戦後思想

安丸良夫

〔第一回―二(二〇〇二年)〕

1 「民衆史」への出発と近代化論

敗戦直後の日本で、講座派マルクス主義と大塚久雄・丸山眞男らに代表される近代主義諸理論は、今日からは想像しにくいほどに大きな影響力をもっていました。この二つの学問・思想は、方法的には対照的といってよいほどに違っていたのですが、一五年戦争から敗戦へと展開した近代日本社会への根本的で全体的な批判を目指す点で共通する問題意識をもっており、戦後民主主義を支える社会科学理論として、今日から振り返って、相補的な位置と意味とをもっていたといえましょう。

私が日本史を専攻する専門課程の学生となったのは一九五五年のことで、この年には左右の社会党の統一、自由民主党の結成があって、いわゆる五五年体制が出発しました。また日本共産党の方針を大きく転換させた六全協*があり、翌年にはスターリン批判*、ポーランドとハンガリーでの反政府暴動*がありました。こうした状況を背景にして、論壇やジャーナリズムではマルクス主義の影響力が減退し、その分、丸山たち近代主義諸理論の影響力が増大しました。五〇年代なかばから六〇年代前半までが近代主義諸理論の全盛時代で、批判的な言論を代表していたといえましょう。しかし、日本史研究の分野に限ってみると、マルクス主義の大きな影響力が継続しており、理論と実証を結びつけた新しい研究成果が生み出されてきていました。新しい史料がどんどん発掘されるとともに、マルクス主義文献へのより深い読みこみがすすんで、この時期に戦後に活動をはじめた最初の世代の重要な研究の基礎が築かれました。しかしマルクス主義歴史学のこの発展がまた、戦後日本の日本史研究が戦後日本思想の大きな流れやさらにまた社会意識のより一般的な動向と乖離した、閉鎖的領域を構成することにも連なっていたのではないかと考えています。

そのころの私は、こうした日本史研究の一端につながりながらも、他方でまた丸山たちのマルクス主義批判に説得され、さらにまた丸山や「思想の科学」研究会などの人びとを、マルクス主義的な理論から批判したいとも思っていました。要するにそのころの私は、戦後日本の学問と思想の大きな流れの狭間で、まだ自分にふさわしい立場を見出すことができず、さまざまの理論や思想の影響を受けながら、まだどっちつかずの曖昧な彷徨を続けていたわけです。ところが、一九六〇年の安保闘争のあとに登場した池田内閣が、日本経済の高度成長という現実をふまえて「所得倍増」政策なるものを掲げ、近代化論が時代の脚光を浴びるようになると、それまで私たちに圧倒的な影響を与えてきたマルクス主義も近代主義諸理論も、経済成長という日本社会の現実に正面から向き合って構成されてはおらず、近代化論の挑戦に応えうるものになっていないと、私には思われました。近代化論は、歴史理論の形をとった新しいイデオロギーですが、その挑戦に正面から応えるためには、どのような歴史理論と歴史像が求められねばならないのでしょうか。私の「民衆史」は、割り切っていえば、こうした課題意識から生まれたものだといえましょう。歴史の発展を支える最深部の活動力は民衆にある、しかし民衆は歴史をつくりだすことによって抑圧の構造をもつくりだす、この錯綜した構造を近代転換期の日本社会のなかで抉り出すにはどのような素材と方法が必要か。このように考えることによって私は、戦後日本の思想と学問の大状況のなかで、自分なりの立場をつくりだす手がかりを得たように思います。そして今日からふりかえって考えてみると、民衆と呼ばれるような存在をどのような内実において想定していくかということのなかに、さまざまの社会科学理論・歴史理論の分岐と対抗軸が見出せるのではないかと思います。

だが、私の「民衆史」には、きわめて特殊な個人史的背景もあったといえそうです。それは私の出自と育ちにかかわることで、私は北陸の農村の平凡な農民の子供として生まれ、大学生となるまでは農民的なきわめて限られた生活圏の外に出たことがなかったのですが、そのような私には、私がよく知っている普通の人びとの「生きられた生」の経験と、私がそこで生きることを選択しようとしていた学問の世界の言葉との間には、大きな断絶があるように思われたのです。自分が学問の世界に生きることを選ぼうとしている以上は、私はその世界の言葉を受け入れざるをえないのですが、しかしまたそれは私自身の経験や人生への思いを疎外してしまっているように感じられてしまうという、曖昧で不安な感覚がありました。これはいわば研究者として出発しようとしている私のアイデンティティの問題ですが、こうした問題に対して、当時のマルクス主義歴史理論にはそれに答えてくれそうななんの手がかりもなかったし、「思想の科学」研究会の方法的プラグマティズムは、歴史学という領域を選んでしまった私には説得的ではなかったのです。そこで、普通の人びとの「生きられた生」の経験とそれを支える論理をどのように捉えたらよいのかという漠然と広い問題関心に、私は私なりのやり方で立ち向かいたいと思ったことになりましょう。

2　民衆史・社会史と現代保守主義

一九六〇年代から七〇年代にかけて、戦後日本の思想状況は大きく転換しました。先に述べたように、敗戦直後の日本では、マルクス主義、とりわけ講座派マルクス主義と近代主義諸理論の影響力が強く、それはまた民主主義的な変革願望と結びついていました。スターリン批判とポーランド・ハンガリーの反政府暴動を境として、マルクス主義の影響力はいくらか衰えましたが、六〇年安保闘争の「市民主義」は、近代主義諸理論をよりどころとしたものでした。だが、戦後日本思想の出発点にあったこの二つの正統派は、右からは日本経済の高度成長という現実そのものによって、左からは大学闘争における若者たちの反乱の攻撃対象とされて、六〇年代後半から七〇年代にかけて急速にその影響力を失ってゆきました。アメリカでは、現実の社会主義勢力とそれを根拠づけているマルクス主義に対決し克服することを目指す近代化論が構成され、他方ではフランスを中心に構造主義その他の批判的諸理論がつくりだされました。近代化論は六〇年代初頭から、構造主義などの現代思想は七〇年代から八〇年代にかけて日本に紹介され、現実の社会状況と対応しながら、戦後日本の思想状況を転換させるテコのような役割を果したといえましょう。だが、日本における日本史研究は、土台・上部構造論*や階級闘争論*を軸とする正統派マルクス主義の影響力が最後まで残った特別の領域で、こうした思想状況の転換の意味を深く考えてみようとする態度に乏しかったと思います。

他方、一九七〇年代から八〇年代にかけての思想状況における顕著な現象の一つとして、広い意味での日本人論ブームがありました。日本社会論・日本文化論などともいわれるこの動向は、日本人の行動様式をひとつのまとまりをもった文化類型として捉えようとするもので、その重要な役割は、日本経済の高度成長の説明原理を提示することでした。一九七三年の石油危機をひとつのきっかけとして、先進資本主義国の大部分では景気後退が著しかったのですが、日本経済はなお成長をつづけていたので、それは日本人の勤労観や集団主義によるのだとされ、日本文化類型論と結びついた日本的経営論が時代の脚光を浴びるようになったのです。そこでは、五〇年代までならば日本社会の前近代性や封建的性格とされたような特質が、経済成長を支える要素として積極的に評価されるようになり、似たような対象についていて逆転といってよいほどに大きな価値評価の転換がなされました。また、経済成長の成果を享受する消費社会的な特徴がしだいに明確になって、日本社会の「総中流化」などというデマゴギー的な表現もしばしば行われました。こうした動向を背景として、さまざまの事実認識を組み込んで日本型保守主義の新たな段階での構築が目指されたことは、この時代のイデオロギー状況の大きな特質で、たとえば村上泰亮他『文明としてのイエ社会』（一九七九年）、村上『新中間大衆の時代』（一九八四年）、山崎正和『柔らかい個人主義の誕生』（一九八四年）などは、そうした方向で大胆な問題提起を試みた著作でした。

だが、こうした現状肯定の保守主義は、多くの歴史家にとっては納得しがたいものでした。日本社会の特質を一つの文化類型に押しこんで一般化する文化類型論は、歴史学とは正反対の方法的立場だし、歴史家にとっては歴史ははるかに複雑な対立・葛藤・矛盾などに満ちたものだったからです。一九六〇年にはじまる色川大吉※の民衆史研究や七〇年代なかば以降の網野善彦※の社会史的研究が日本史研究に大きな影響力をもったのは、いまのべている問題状況に対して歴史家にふさわしい抗いの形が求められており、色川や網野の新しい研究にはその点での新鮮な説得性がそなわっていたからだと考えます。またこの二人のばあいには、マルクス主義体験とそのゆえの既存のマルクス主義的歴史研究への内在化された批判の厳しさも、広い共感を支えていたといえるでしょう。

ところで、一九六〇年代なかばに民衆の生活思想の研究者として出発した私は、六〇年代末から七〇年代にかけておずおずと運動史に関心対象を移しました。若干の個人的事情をべつとすれば、こうした関心の推移の背景には、六〇年代末の若者たちの反乱、ベトナム反戦運動、世界各地での民族運動などからの影響があったと思います。私はこうした現実の諸問題をどこかで意識しながら、まず百姓一揆を、それにつづいて民衆宗教や自由民権運動について、主としてその意識や行動様式の側面から研究しました。じつをいうとそれまでの私は、百姓一揆や自由民権運動には手を出すまいと、内心では決めていたのです。というのはこうした領域は戦後日本の歴史学がもっとも熱心に研究を重ねてきた領域で、研究蓄積が多く、門外漢が簡単に成果をあげられる分野ではないと思っていたからです。だが少し調べていくと、こうした分野の研究の大部分は戦後日本史学の分析枠組に捉われすぎていて、私には、ごく素朴に考えても史料が語るところとはかなりずれているように思われました。たとえば私は、百姓一揆が村単位で行動するものであること、打ちこわしか焼きうちを威嚇手段とする参加強制が行われること、蜂起した民衆は威嚇的な意味をもつ打ちこわしの道具などはもつが、人間を殺傷する武器をもつ事例は極めて少ないことなどに注目しましたが、そんなことは多くの一揆史料に記されているごくありふれた事実だったのです。しかし、史料としてはありふれていても、その解釈は難しい。私はこうした事実やもっとたくさんの事実についての意味解釈を進め、その解釈をつなぎ合わせて、少しずつ自分なりの百姓一揆像をつくりあげるという方向で自分の研究を進めました。このような研究方法は、べつの対象を選んだばあいにはまたその対象に即した独自性を見出すことに努めることになるのですが、しかし方法論的態度としては基本的には同一の性格をもっていたと、自分では理解しています。小さな個別の事実についての意味理解を積み重ねていってそこから対象とする歴史事象のイメージを自分なりに描いていくこと、またそこからより大きな歴史的世界の全体性についても考え直していくこと、さらに歴史的世界の全体性から逆に個々の事実の意味も考え直すこと、平凡かもしれないが、それが私の方法でした。

このような私の研究手法は、今日から顧みると、フランスのアナール派*やイギリスの社会運動史研究*、またずっと後のことになりますが、インドのサバルタン研究*などとよく似たところがあり、事実私はフランス史やイギリス史の研究者などからさまざまの機会に貴重な示唆を受けていました。一九六〇年代ごろから、世界的に千年王国主義的民衆運動やそのほかの宗教形態をとった民衆運動への関心が深まったこと、またそのさいに人類学・社会学・宗教学などと歴史研究との結びつきが強くなったこと、日本でも民俗学的研究と歴史研究を結びつける可能性が生まれていたことなども、私にとっては有意義なことでした。しかし私の立場からの身勝手な自己解釈を許してもらえば、私はただ民衆の意識や行動様式についての意味分析という自分の方法を拡充して、その対象領域を拡大しようと努めていたに過ぎないともいえるでしょう。知識人としての歴史家には、時代の支配イデオロギーや社会通念からはもとより、教条化されたマルクス主義や既成の社会科学的諸理論などからも自分を解放して、自由な探求者になるという課題があります。一九六〇年代以降の民衆史や社会史には、今日から顧みてさまざまの未熟さが見られますが、しかしそれでもそこには歴史家にふさわしい自立した探究を目指す努力が表現されており、その限りで、ほとんど無自覚のうちにさえ、世界の諸地域でのさまざまな新しい研究動向との思いがけないような共通性もあったのだと考えます。

3　世紀末と新世紀の新しい状況のなかで

現在の私は、一九九〇年ごろを境にして、日本社会は新しい段階に入ったのではないかと考えています。高度成長によって経済大国になった日本は、バブル経済とその崩壊によって経済が長い停滞局面に入り、そこから簡単には抜け出せそうもありません。他方では冷戦体制の崩壊のあと、アメリカの一極支配が強まり、日本国家は適切な世界戦略を見出していません。そしてこうした状況のなかでさまざまな矛盾が鬱積してきて、フラストレーションが蓄積され、強いリーダーシップが求められているともいえましょう。日本社会の全体に閉塞感が強くなってきていますが、それだからといって社会的なものの全体と自分たちの生活様式への原理的な反省はほとんど見られません。こうした状況のなかには、強権と結びついた新たな自国中心主義と全体主義を生み出す政治的・社会的な土壌が露呈されてきているといえるのではないでしょうか。

一九八八年秋から翌年にかけての昭和天皇の病気と死、新天皇の即位をめぐる状況は、一見したところでは平和な消費社会のように見えてしまう現代日本が、その基底部に強力なシステム的統合と強制装置を保持していることを明らかにしましたし、日の丸・君が代を国旗・国歌と定める法律の審議過程やその実施状況には、国家の強権的側面が明確に表現されていました。教科書問題には、半世紀に近い長い由来がありますが、この問題の現在にいたる状況の直接的な由来が、おなじ一九九一年に起こった二つの事実、藤岡信勝のアメリカにおける湾岸戦争体験と韓国人「元従軍慰安婦」の人たちのカムアウトにはじまることは、偶然の符合とはいえ、興味深いところでしょう。この二つの事実は、ちょうど正反対の極から戦後日本社会の通念を批判し、国民国家日本のあり方を問い直すものであり、じじつ藤岡たちの教科書批判は、「従軍慰安婦」記述の教科書からの削除要求をテコとして展開したのでした。

こうした状況は私を不安にして、いくつかの新しい発言をする機会となりました。九〇年代のはじめに私は天皇制問題についての著作をまとめ、[1]その後に「従軍慰安婦」問題、教科書問題、靖国神社問題などについていくつかの発言をしてきました。ジェンダー史や差別の歴史についても、わずかながら発言を試みているといえるかもしれません。そのうち天皇制問題だけは若いころからの念願に由来するものですが、それ以外の問題は私個人のなかでは思いもかけないような次元の問題でした。こうした問題の多くは社会的現実のなかからの厳しい問いかけなのですが、私にとってはそれはまた、自分なりの方法を貫くことで自分なりに考え抜けるかどうかの試金石であり、腕試しの機会だともいえるものでした。私個人の性格には、気が弱くて周囲の状況に影響されやすい側面があるとともに、外からは見えにくい依怙地で強情な側面もあるようです。私は、時代状況やイデオロギー状況に突き動かされながらも、自分なりの研究方法を、動揺しながらも一貫させようとしてきたのではないかと思います。その研究方法とは、先にものべたように、対象とする事実の個別的な意味分析をできるだけ内在的に進めて、そこから歴史の全体性に迫っていくということだといえましょう。こうした方法の狙いは、ひとつには既存の通念やイデオロギーから自由になって対象に内在する論理を探ろうとすることにあり、いまひとつには、史料のあるところでの実証に自己限定する実証主義とそこに含意されているイデオロギー的保守主義に対抗することにあると考えています。もとよりこうした方法にも、歴史や社会や人間についての私なりのものの見方が前提とされており、それに規定されているともいえるのですが、しかしまた歴史家はこうした方法に固執することで、自分のものの考え方・見方を反芻して反省し、作り直していくことができるともいえましょう。そしてこのようにして進められている歴史家の職人仕事の現場にも時代の光が強く差し込んでいるのであり、現代に生きる一人の人間としての自覚が塗り込められざるをえないのです。このような私の探究とそこに生み出された作品をさして、それが私なりのひとつの「物語」だという人があるとすれば、私はそうした見方を否定しません。しかし私のこの「物語」は、第一に史料に即した私なりの探究から生まれたことにおいて、第二に私たちの生きる世界の全体性についての私なりの理解に基礎づけられている点において、第三にこの世界で生きる自己の生き方と内面性への省察を含んでいる点において、単純な意味での恣意性を免れうるものだと思っています。こうした私の歴史研究は、ある意味ではきわめて強いイデオロギー的な性格ないし立場性をもっているともいえますが、しかしそのことはまた現代に生きる一人の知識人としての歴史家にとって、不可避的なことだと思っています。

（1）『近代天皇像の形成』（岩波書店、一九九二年）。

半知半解の矜恃学人

高 柄 翊

［第一回—三（二〇〇二年）］

1 「歴史家」——尊敬と矜恃が込められた呼称

今日の我々の集まりは「韓日歴史家会議」ですが、これは学問的な専門分野の上での名称だと思います。

一般的な呼称としては、「歴史家」という際には歴史学に精通した大家を思い浮かべます。すなわち、過去の歴史に関する多くの研究によって知識を蓄積し、深い識見によって史実に関する明確な解釈を下し、雄大な歴史書を著述し、そうして、これに加えて現在の事象の解釈と未来の展望までもすることのできる人を思い浮かべます。

昔の司馬遷や司馬光、ヘロドトスやトゥキュディデス、またはギボンやトインビーのような人になるでしょう。そのため、現代の学者で「歴史家」を自称する人は少なく、むしろ「歴史学者」「歴史研究家」で満足する人が多いと思います。

ですから、「歴史家の誕生」という主題で話せといわれると躊躇することになり、また「誕生」というと一時的な現象のようで、ちょっとおかしいとは思いますが、おそらく持続的な生成過程を説明せよということだと解釈します。

2　古来の自叙伝

自叙伝は昔からあり、中国の古代では、著述をすれば、大抵その末尾に自分の祖先から成長の過程、著述の動機などを記述する一篇の自叙の文章を載せました。これは本文の附録ではなく、一つの章節を成しました。

著述は一生に一冊を著すのが普通ですので、著者の姓名がそのまま書名になる場合が多くあります。自叙伝というものも、やはり歴史家の側から自ずと始まったと思われます。

司馬遷の「太史公自序」(『史記』巻一三〇)、班固の「叙伝」(『漢書』巻一〇〇)をはじめ、南北朝の正史の著者にいたるまで、唐初までは、自叙は個人の著作には大抵入っていました。唐代の歴史批評家、劉知幾※も、その『史通』に「自叙」の一篇を入れました(巻末の「忤時」篇もう一つの自叙伝といえます)。彼は、自分が歴史に没頭するようになった経緯を叙述していますが、成長期に兄たちが『春秋左氏伝』の勉強をしているのを傍らで聞いているうちに、一二歳の時にはこれを通読し、続けて史書を耽読したのですが、二〇歳の時に科挙に合格して首都で官職を得た後には、歴史記録を自由自在に読んで、その良し悪しを弁別できるようになり、「史記以下の歴史書を全て改訂したいという気持ちになった」と、大胆な述懐をしています。

3 近年の歴史家の自叙伝

近来、中国では歴史関係者の自伝記述が多くなりました(梁啓超、顧頡剛、胡適、近年の王雲五等々)。しかし、これは単なる回顧的な記述を越えて、歴史学の研究方法の一環として、研究者自らの生長と成熟の過程が研究作業に影響を与えるという考慮から出たものです。

李基白教授が主幹の『韓国史市民講座』(一九八七年創刊、現在三〇輯余り)が「韓国の歴史家」という欄を設けて、初めは伝統時代の歴史家を載せ、近年は現在の歴史家たちの自伝を載せており、また『韓国史学史学報』(二〇〇〇年創刊、会長は趙東杰)が現在の韓国の歴史家たちの自伝を連載しています。さらに、何か月か前に国史編纂委員会が主催した「韓国史国際学術会議」で、普通の人々の生活史を重視する「微視史」(ミクロ・ヒストリー)の方法が提唱されると、そこでこのような発表も登場しました。たとえば、フランスのデリッセン女史が、ピエール・ノラらが設定した「自己歴史*」(ego-history) という概念の下で、「ソウル、一九二五年夏」というテーマの研究を数年間行ってきた経緯を発表しました。

ところで、研究者自身の歴史が重要なことは、近頃韓国語に翻訳された自伝的歴史エッセイであるハワード・ジン『走る汽車の上に中立はない』(Howard Zinn, *You Can't be Neutral on a Moving Train*、邦訳『アメリカ同時代史』明石書店、一九九七年) から鮮明に見て取れます。著者のジン教授が二〇年前に刊行した『民衆のアメリカ史』(*A People's History of the United States*、邦訳、TBSブリタニカ、新装版、一九九三年) で、アメリカ新大陸の偉大な発見者であり英雄として称賛されるコロンブスが、実はアラワク・インディアンを無慈悲に殺戮し搾取する類例ない蛮行をほしいままにしたと叙述し、アメリカの教育界に一大騒動を巻き起こしましたが、そこにいたるまでに彼が南部の黒人学校で先生の仕事をしていたこと、ベトナム戦争などに批判的に向き合っていた経緯、民衆運動・人種平等運動に参加していた話が叙述されているのですが、これは生活と歴史研究が互いに絡み合っていることを鮮明に示しています。

4 成長期の教育環境

私の成長期である一九三〇年代から四〇年代前半は、東アジアの葛藤が続く中で、韓国は植民統治下でも漸進的に開化・成長していた時期です。

同姓同族の郷村[1]では、昔の漢文書堂[2]もなくなり、かといって日本が建てた新しい一〇里も離れた新式学校[3]にさほど関心を示しませんでした。男の子はそれなりに修学させたけれど、「普通学校」も「月謝金」を払わなければならないので、教室では、月謝金を持ってこなかったといって、貧しい農村の児童を教師が追い帰す光景を毎月目にしなければなりませんでした。女の子は家事裁縫が強調されるだけで、私の姉も父兄の意に逆らいながら、こっそり編入して就学する有様でしたが、妹からは正常に就学するように変わりました。ソウルの国文の日刊新聞も、村では購読する人がいなく、邑[4]に出て行ってたまに見る程度でした。私の故郷は、当時は韓国の都邑ですけれども、北韓の方のより進取的な状況とは異なり、南韓地域の一般的な両班[*]村落の平均的な保守性を見せていたのではないかと思います。それでも、男子の教育には次第に熱が高まり、私のソウルの学校への進学には、父兄の積極的な後押しがありました。ソウルに入学試験を受けに行く時に、初めて洋服を買って着た写真が、今でも残っています。

5　歴史との関連

朝鮮の歴史は、どの朝鮮人学校でも団体でも教えている所がなく、それについての学習は、個人的で自発的な場合であっても、禁忌視・危険視されていた時期でした。史学者でありながら言論人であり、独立運動家だった申采浩[※]の韓国古代史・中世史に関する諸論説は、三〇年代初めに日刊新聞に連載されていましたが、私は目にする機会を持てず、キリスト者の咸錫憲先生の『聖書的立場で見た朝鮮歴史』（本書一七頁参照、編者注）はキリスト教誌に連載されましたが、私は知らないままに過ごしました。私の尊敬する同僚の李基白教授が、少年時代からその父親の訓導を受けて、このような先覚者の著述や論説を読み、次第に祖国の歴史を勉強していこうと決意したのとは、判然と異なっています。

ただ、植民地当局では朝鮮史編修会を設置して膨大な史料の整理をし、珍しくて貴重な史籍の復刊を行っており、また朝鮮人学者の歴史学会である震檀学会*が、純然と実証的な論文をもって研究活動をすることが、かろうじて許されていました。そうしているうちに、中日戦争が何年も長引くようになると、残酷な統制がさらにひどくなり、朝鮮語の使用の排撃、朝鮮語の新聞・雑誌の全面的な廃刊措置（総督府機関紙の『毎日申報』だけは除く）の中で、朝鮮の歴史は口にすることすら危険視されました。

中学校時代に、英語を実地に使ってみたくて、ニューヨークに『エヴリマンズ・ライブラリ』[5]の解説目録を注文すると、中日戦争中であるにもかかわらず、郵便で配達されたのが何とも不思議で嬉しく、古典解説を辞書を引き引き読み、かなり知識も増えました。ところで、またも中学校の図書館に、河合栄治郎※の『学生叢書』が見栄えのする装丁で色々と並べられており、その中でも「学生と読書」および「学生と歴史」は特に耽読しました。これを通じて西洋の古典や近代の教養書についての知識をたくさん得ましたが、むしろ思想家と書名のみを溢れるほど知っただけで、いざ深みのある読書や思索となると、かえってそっぽを向くのが常だったという記憶があります。「学生と歴史」にも、歴史哲学や史学の古典の説明がたくさんあったように思うのですが、記憶に残っているものはほとんどありません。

6　最初の知的探究欲

中学の高学年の頃から、漠然と人文分野の学問、文筆活動を一生の方向として考えましたが、歴史を専門的に勉強しようという考えが、いつ、どのように生まれたのか、記憶がはっきりしません。歴史への関心は、むしろ知的・浪漫的好奇心が主たる動機だったようです。

日本での高等学校時代に、羽田亨※の『西域文明史概論』をはじめとする西域史の色々な新刊論著に接し、シルクロードに対する興味を触発されました。この頃、日本で朝鮮の歴史の本が文庫本で刊行されました。京都大学の三品彰英※の『朝鮮史概説』は、朝鮮民族の歴史の全体の流れを依他性と停滞性という半島的宿命論の概念で展開し、衝撃ともどかしさを持った記憶があります。また、鈴木成高※の『ランケと現代史学』は、個々の歴史事実を尊重する歴史主義と、民族を超える世界史概念を解き明かして視野を広げてくれ、歴史の客観性や没価値性も強調していました。

太平洋戦争末期に大学に進学すると、どうせ卒業まで在学できないだろうから、学科の選択は深い考えなしに、趣くままに決めました。こうして、西域史と朝鮮史、すなわち知的探究欲と情緒的民族意識が重なって、東洋史学科を択ぶことになったのです。

7　大学での東洋史学

大学では、思いつくままにいろいろな講義を聴いて回りました。講義室は、学徒兵として出征した学生の空席が多くてがらんとしており、ある教授は講壇で食料不足を嘆くようになるまでの有様でした。

聴いて回った講義の中で、ある講義は始めから終わりまでノートを読みまくる無味乾燥な筆記の時間もあり（板野長八※の魏晋南北朝史）、若い講師たちの熱を帯びた説明が印象深かった講義もあり（三上次男※の高麗時代史、榎一雄※の西域史）、極端な皇国史観の日本国史の講義（平泉澄※）に憤怒と蔑みを感じたこともありました。

何よりも、東洋史演習を担当していた山本達郎※教授が、欧文テキストを土台に文献考証するに際して厳密な準備をしていたことに感服し、これは学科主任の和田清※教授が「李秀成供状」をテキストにお粗末にやっていたのとは比べ物になりませんでした。言語学科の服部四郎※教授の蒙古語の講義は、何週間か遅れて出席すると、朝鮮時代の「蒙語老乞大」⑹がテキストで、学生たちが別途にハングルを学びながら読んでいるのですが、私はハングルの部分を読みながら、すぐについて行けるようになりましたけれども、学問の幅が広いことに驚きを感じました。

東京大学では、戦争末期の索漠とした雰囲気の中で半年も通うことができませんでしたので、学んだことも多くありませんでした。講義室や研究室でも、東洋史学の皮相で枝葉的な局面に引導されたのみで、歴史学の本領を垣間見る機会はありませんでした。むしろ、研究室や下宿で読んだ史書の中に、それでも実証的研究を土台に史実の解釈と歴史の流れを垣間見させてくれるものがありました。私が読んだもののうちで代表的なものは、内藤湖南の中国史関係の論著、バートルト（W. Barthold）の英訳本『モンゴル侵入までのトルキスタン』（*Turkestan down to the Mongol Invasion*）、桑原隲蔵の『蒲壽庚の事蹟』、陳垣の『元西域人華化考』などであり、このような本は、史料を広範に利用しながら、明快・平易な解釈と叙述を展開した著作でした。

8　実証研究と解釈立論

戦争が終わって解放*を迎え、ソウル大学に編入した後、政治社会の左右対立に対応して、学界でも唯物史観が勢いを得、その体系的な分析と構成は、歴史研究に新鮮な風を呼び起こしましたが、直ぐに禁止になり、また実際の歴史研究に適用するのが難しく、形式的な枠組みの硬直性に嫌気がさす人が多かったものです。

私の卒業論文であると同時に最初の歴史学の論文は、「イスラム教徒と元代社会」という題目でした。事実の探求と実証的な研究が主になりましたが、その土台の上で歴史の流れの解釈も念頭に置きました。

六・二五動乱*で政府や市民が釜山に避難した時、若い史学徒たち（私を含む）が「歴史学会」を創立して『歴史学報』を刊行しましたが、そこでは従来の漢文史料の引用と史実の考証第一の論文から脱皮し、歴史の流れと調和の合理的解釈が強調されました。当時としては相当な革新として受け入れられましたが、新しい歴史理論や方法論が続けて登場する中でも、『歴史学報』は伝統の持続と新しいものの受容とを釣り合い良くやり続けていると思います。

史実の探求と実証史学は歴史研究の基盤であり、この事業が着実に積み上げられれば、そのような研究の蓄積された基盤が、解釈と理論を樹立する肥やしになります。これが粗忽にされれば、歴史学は歴史学であることを嫌うことになります。しかし、実証そのものを探求することに劣らず、史実の意味を把握して弁別することのできる識見があり、解釈することができなければならないことは、つとに唐初の史家である劉知幾が「史有三長、才・学・識、世罕兼之」と述べていることからわかります。歴史家たちが史実の穿鑿にだけしがみつくことに対して、文豪トルストイが「歴史家は誰も問わない問いに答えを並べ立てる人々」だと面責しましたが、これは哲学者のニーチェが、歴史の知識は必要がなく、害にしかならない「歴史的疾患」であり、歴史には記憶よりは忘却が必要であると歴史を極端に否定したことより、むしろ辛辣で深刻な批判であると思います。

大学の教壇においても論文作成の時にも、これを念頭に置いてはいますが、均衡の取れた研究と叙述が至難であることは、劉知幾の主張やトルストイの面責のとおりであることを感じるものです。

諸史実の中に埋もれ、全般的局面を理解できないのも良くないことですが、不十分な史実の探求の基盤の上で、やたらに安易な一般化の論定を行うのは空虚であり、むしろ有害になることもあります。

9　解釈・論定の諸課題

最近は、歴史についての解釈と論定の課題を主に扱ってきました。伝統の守護と放棄、西方の新しい文物の受容、韓末の国家と民族に対する劣等評価と両班社会の統合性の関係、儒教亡国論と儒教資本主義、「アジア的価値」論、忠孝と倫理道徳、わが国において科学技術が発達しなかったこと、韓国人の人文尊重と商工業を忽《ゆるが》せにする態度についての見解などが、最近の関心事でした。

また、東アジア三国の歴史像の相互関係について、多角的な検討をしました。例えば韓国と日本、または中国との関係において、親密から疎遠への逆行が起こったことについての検討、朝鮮時代の自足閉鎖の対外的立場、理念と道徳に対する積極的な強調と物貨交易に対する消極的な態度についての考察を通じて、韓国を中心に日本・中国との関係を眺望しました。

東アジア三国は、互いに疎遠でありながらも、文化観念上では親近感、同質感を持っていたことは疑う余地がありません。漢字文化圏という同質的な文化的土台の上で、相互の旅行・交易・通婚・移民・就職・留学などが不断に行われてきたにもかかわらず、互いに異なるという認識も共に作用し、相互の疎遠感が共存していました。漢文原文の共通した基本教養を備えた三国は、漢字・漢詩・筆談によって共通の用語を駆使することができました。

一方、西欧文物の導入の後は、漢文は日本式訳語として再構成され、我々の日常で使う多様な用語を作り出しました。哲学・数学・物理などの用語は、まさにそうした産物であると言えます。今日、漢字文化を基盤に三国が共通語を開発し、もう少し意思疎通を容易にすることができる方法を提案することは、このような与件の中では自然なものと言えます。

10 「半知半解」の「矜恃学人」

八十年を眺めながら、自分の歴史研究の過程を振り返って付けてみた自己評価は、「半知半解」と言うことができます。

歴史上の史実の徹底した究明と、史料および史書を十分に利用することができず、知的探究心も充たすことができなかったのですから、「半知」人と言えましょう。初めから関心をもっていた中国の歴史や西域史の史実的探究にも、あまりに不十分に終わったことを自ら認めるしかありません。ただ、今の後輩たちが、この分野の現地にまで進出して、現地の言語まで習得しながら活躍する姿を見ることが、心強く感じられます。

歴史学界の様々な思潮や史観の中でも、これというほどの理論を自らの信念として体得できず、数多くの問題を挙げて論定までしたけれども、内心では不十分さを感じているところが少なくありません。それで、これを称して「半解」と言いましょう。すなわち、知的探究と史的解釈の二つが、ともに半分程度に止まっているのですから、「半知であり半解」であると言うしかない。

（私がこのような自作の表現の小題目を掲げたところ、ここにも参加している同僚の柳永益教授が、即座にこの文句は陸奥宗光の『蹇蹇録』[7]に出ており、当時の朝鮮の開化党人士たちを指した言葉だと教えてくれました。その本を探して調べてみると、文句は同じであるが、意味は一致しないけれども、面白い偶合です）。

歳を取った歴史学徒の現在の心境は、「矜恃学人」と表現することができます。たとえ半分の満足しかできなかった歴史研究であっても、未だに歴史学を誇りある学問として自覚しています。経史子集の書籍の分類でも、歴史は上位に属し、知識人の教養の要素としても優先視されており、社会や言論でも歴史の知識や歴史的視角を重視してくれているのですから、このことが何とも誇りだと感じられます。それで、何よりも私が歴史学を探究することを、「矜恃」と感じています。

最後に、自評するなら、私が自ら「史家」と自称するにはためらわれ、だからと言って「歴史学者」または「歴史学徒」と称するのは、あまりに自らを謙《へりくだ》っているようで、現職に縛られていない老学者として、今も学問に関心を持ち続けているという意味で、「学人」と自称したいと思います。

わかりにくくて耳慣れない漢文の文言を使って申し訳ないけれども、私の意図はこの文言で了解されるだろうと思います。

（本報告は高柄翊教授ご逝去のため、二〇〇七年一二月、高恵玲教授によって整理されたものである。）

（1）韓国では本貫（祖先の出身地）と姓を同じくする父系血縁集団が同じ村落に多数居住する例が多く見られる（編者注）。
（2）書堂とは民間の教育機関で、千字文からはじめて、初歩的な漢文の教育を行った（編者注）。
（3）一九世紀末から設けられはじめた近代的な学校（編者注）。
（4）各郡の郡庁所在地（編者注）。
（5）一九〇六年に創設された叢書で、古典などを安価に供給することをめざした（編者注）。
（6）一八世紀に編纂されたモンゴル語の学習書（編者注）。
（7）日清戦争に際して外相として戦争外交にあたった陸奥宗光が、それについて書いた著書（編者注）。

韓国史の真実を求めて

李　基白

〔第二回―一（二〇〇三年）〕

1　民族のための韓国史学習

私は一九二四年に生まれました。したがって一九四五年に解放[*]されるまで二一年間を日帝[*]の植民統治下で暮らしたことになります。日帝が中国に対する全面的な侵略を始め（一九三七年）、またアメリカとの戦争を始めると（一九四一年）、韓国に対する弾圧はさらに苛酷になり、その暗黒の中で夢と希望の若い時代を過ごしました。そのような絶望の泥沼の中でも、私の通った五山学校[*]の伝統が、そして特に亡き父からの教訓が、民族に対する責任を私に悟らせてくれました。父はドイツとの戦争に敗れたデンマークを復興させる上で大きな貢献をしたグルントヴィ[※]の国民高等学校教育に対して深い関心を持っていました。グルントヴィは、「その国の言葉とその国の歴史でなくては、その民族を目覚めさせることができない」と言ったそうですが、私をはじめ兄弟たちは、耳にたこができるほどこの言葉を父から繰り返し聞かされました。そして父は、わが国の文学作品や歴史書を、経済的に無理をしながらたくさん買い込みました。私が韓国史を勉強するようになった直接の動機は、このような父からの影響に負うところが大きかったのです。

当時私が感動深く読んだ韓国史に関する文に、申采浩※の「朝鮮歴史上 一千年来 第一大事件」と咸錫憲の「聖書的立場で見た朝鮮歴史」（本書一七頁参照、編者注）があります。前者は韓国史の大きな流れを郎家[1]の独立思想と儒家の事大思想との対立関係から把握したものでした。後者は道徳的観点で韓国史を概観したものでしたが、死六臣[2]と林慶業※に関する内容を読みながら憤慨し悲しく思いました。この二つの文はいずれも民族主義的精神史観で書かれ、政治・経済・軍事・外交などすべての面で主権を失った状況を反映している著作といえるものでした。

私は一九四一年に日本の早稲田大学に入学しましたが、その時に読んだランケの『強国論』が私の民族主義的な思考をさらに強固にしました。ランケは世界史における民族の役目を強調して、独自の性格をもった民族単位の国家を強国と規定していました。その一方でヘーゲルの『歴史哲学序論』とマイネッケの『歴史主義の立場』も非常に興味を持って読みました。ヘーゲルは歴史を自由に向かう理性の自己発展と見ましたし、マイネッケは歴史的事実を相対的に見ようとしました。この時期に私は、歴史とは自由という目標に向かって発展するものであり、その発展の具体的担い手は民族を単位とする国家であり、その発展過程で起きる歴史的事実は、時代的な状況の中で相対的な評価を受けなければならないと考えるようになったのです。

2　韓国史を見る観点の問題

一九四五年八月一五日、日本が連合国に降伏することによって、韓国は植民統治のくびきから解放されました。その時私は日本軍に連れていかれて満州にいましたが、解放とともにソ連軍の捕虜になりました。一九四六年　月に釈放され、故郷に帰ってきました。私は韓国が解放されれば北京に留学したいと願っていましたが、当事の事情からそれがかなわなかったので、ソウルに行き、ソウル大学に編入学して勉強を続けるようになりました。すでに挨拶をしたことがある李丙燾と孫晋泰※から韓国語で講義を聴き、感激した覚えがあります。

この時私の悩んだ問題は二つありましたが、その一つは植民主義史観の問題でした。当時韓国は南と北に分断されただけではなく、左右の対立が激しく、それによって多くの病弊が発生して民族的自尊心が大きく損傷され、反対に劣等意識が極度に助長されていたのです。このような心理的状況では、民族の発展を約束することは困難な状態でした。このような民族的劣等意識の根は日本の御用学者たちの植民主義史観によって助長されたものだったため、植民主義史観を学問的に打倒せねばならないという思いがあったのです。

私が見るに、植民主義史観の基本は地理的決定論でした。この理論を最も完璧に表現していたのが、三品彰英※の『朝鮮史概説』（一九四〇年）でした。これによれば、大陸にくっついている小さな半島である韓国は、中国・満蒙・日本など周辺強大国の影響の下に置かれており、その結果、党閥性、依頼性、雷同性、模倣性などと表現される民族性が造成されたというのです。半島という地理的条件は人間の力によっては変更できないものですので、これは韓民族の免れ得ない宿命だったというわけです。地理的条件が歴史に一定の影響を及ぼすことは明らかですが、それが決定的要因ではありえませんし、それは人間社会の内的発展との関連の下でのみ考慮されるべきです。この点は他の国の場合と比べて見ればすぐに理解できるというのが私の考えでした。そういう意見を『国史新論』（一九六一年）の緒論で発表しましたが、その後社会的要求によってあちこちに発表した文を『民族と歴史』（一九七一年）に載せました。

ところでこの植民主義史観問題は、おかしな方向に拡大して行きました。いわゆる在野学者と呼ばれる人々が、大学講壇で講義を担当する学者たちを植民主義史学者だと攻撃し始めたからです。彼らの主張はさまざまでしたが、一番中心的なことは檀君の古朝鮮建国に関する伝承[3]は神話ではなく、建国年代も伝承どおりに四千年余り前と見なければならず、また古朝鮮の領土は北京にまで及んでいたというものでした。そしてこれを否定する大学教授たちを植民主義史学者だと攻撃したのです。

私はこれが韓国史学の危機であり、この危機を克服できなければ韓国史学は破局を免れえないと判断し、これを批判する文を重ねて発表しました（『韓国史像の再構成』収録、一九九一年）。大学教授の中にも、それを一つの学説としてそれに向きあっていかなければならないという意見を述べる者もいました。しかし桓雄(4)が天から下ったということを歴史的事実として信じろということは、国民を愚弄する妄言であって学説ではありえません。領土が広ければ偉大な民族だという主張は、まさに地理的決定論そのままであり、植民主義史学が掘った落とし穴に落ちてしまいます。この在野学者たちの起こした問題はいったんは収まりましたが、日本で教科書問題など侵略主義的主張が止まないことと同じく、いつまた爆発するかわからないという思いを振り払うことができません。

解放後に悩んだもう一つの問題は、唯物史観の問題でした。解放の前には私は唯物史観の問題を深刻に考えたことがありませんでした。ところが、解放になって政治的に左右の対立が激化すると、その思想的背景を成す民族主義と唯物史観の対立が史学界でも大きな問題として台頭してきました。唯物史観は民族内部に対立する二つの階級があると見て、将来は階級のない平等社会を建設しようとするものでした。このような社会的正義感は、平安道の庶民の家に生まれてキリスト教の平等思想に没頭して来た私には、共感するところがありました。しかし物質的生産力の発展に対応して、経済的社会構成体が、アジア的、古代的（奴隷制的）、封建的、ブルジョア的（資本主義的）生産様式として進歩したといういわゆる唯物史観の公式には、なかなか納得できませんでした。白南雲は韓国史の特殊性を批判して、世界史的な一元論的歴史法則が韓国史に適用されると言って三国時代を奴隷社会と規定しました（『朝鮮社会経済史』一九三三年）。しかし李清源は彼の主張を公式主義だと批判し、奴隷社会を高麗末までと見ました（『韓国歴史読本』一九三七年）。そうかと思えば全錫淡は、初めから韓国での奴隷社会の存在自体を否定しました（『朝鮮史教程』一九四八年）。このように唯物史観の公式を適用するには多くの見解の相違がありました。それにアジア的生産様式をアジア的特殊性から理解する場合、一元論的歴史法則による韓国史理解は不可能になると考えられました。私は生産力の発展を基準にする歴史発展の時代区分は可能だと信じていますが、それが現在の公式のようなものになるという点には疑問を持っています。またそれだけが唯一の時代区分だという排他的な主張にも賛同することができません。歴史は多くの角度から多くの基準によってその発展過程を考察することができると思うからです。

しかし私は、唯物史観を通じて民族内部の葛藤に注目するように刺激を受けました。民族を単一の個人と同様に考える民族主義史観とは違い、民族を構成する多くの人間集団の間の社会的対立関係に注目するようになったのです。ただ民族内部の葛藤要素は階級だけではなく身分もあり、この身分が前近代社会ではより重要な意味を持つのではないかと考えています。いずれにせよこのような民族内部の葛藤に注目するようになったのは、私の史学研究において一つの進展だと思っています。

ところでこの唯物史観は、民族主義史観に対して大変批判的でした。しかし観念的ではありましたが、民族主義史観は独立運動の精神的裏付けになったのであり、時代的要請がありました。そのため民族主義史観と唯物史観の短所を捨てて長所を取り、より高い次元の韓国史観を定立する必要があると考えるようになりました。そういう努力をした先駆的史家として、日帝時代の文一平※と解放後の孫晋泰に私は注目してきました。

民族主義史観と唯物史観による韓国史研究は、目的意識があまりにも強かったため、具体的な歴史研究においては多くの欠陥を露呈していました。このため正しい歴史的事実の解明が必要だと考える実証史学が起こるようになったわけです。この実証史学を代表するのが、李丙燾を中心に組織された震檀学会*でした。上の文一平と孫晋泰は、この実証史学とも密接な関係を持っており、いわば民族主義史観・唯物史観・実証史学の三つを合わせて新しい韓国史学を建設しようと努力したと言えるでしょう。私はこのような努力がさらに継承、発展されれば韓国史学の未来が明るくなると信じています。

3　具体的研究の過程

私は韓国史に興味を持ち始めた時に、申采浩、咸錫憲による民族の精神的覚醒を促す主張に感動した関係で、思想史を研究しようと決心しました。それで初めて手をつけたのが、仏教の伝来・受容過程でした。その結論は、王権が強化されつつ国王を中心にした貴族たちが現世利益的な仏教を受容したというものでした。統一新羅になると、多くの高僧たちが登場して多くの著述を残し、一方では民衆たちの間で浄土信仰が大きく流行しましたが、仏教の経典に明るくない私としてはそれ以上先に進むことができませんでした。そのため、政治史・社会史方面に目を向けるようになりました。それも史料が比較的多い高麗時代に移って、『高麗史』に手をつけました。誇張せずに言って、私は小説を読むように興味津々と読み続けたのです。

その過程でまず注目したのが、後三国時代を前後して各地方に存在した豪族たちでした。彼らは独自の軍事力を保有していましたが、『三国史記』金陽伝に出てくる族兵という用語と結び付けて、新羅末期の私兵問題をまず扱いました（「新羅私兵考」一九五七年）。その後私は、その私兵の行方を知りたくて追求した結果、高麗の京軍すなわち中央軍が兵農一致に基づいた府兵ではなく、軍班氏族として成籍していた専門的軍人によって構成されたのだという結論を得るようになりました（「高麗京軍考」一九五六年）。この新しい主張は従来の府兵制説を覆したもので、私としては自らを誇らしく思いました。

ところがこの主張に対しては、直ちに姜晋哲が批判してきました。彼は以前の府兵制説を擁護する立場でしたが、推測するに農民に対する人身支配を根拠にして高麗時代を奴隷制社会と見る彼としては、農民の負担から軍役を除くのが気に入らなかったようです。しかし田柴科[5]の軍人田から一般農民の土地問題を考えるのは、朝鮮の科田法[6]から農民の土地問題を考えることと同じく無理なことだというのが私の考えです。いずれにせよ彼の批判を受けることで、私はさらにこの問題を緻密に見るようになりましたが、その結果が『高麗兵制史研究』(一九六八年)です。

その後若い学者たちが、府兵制説と軍班氏族説を折衷する主張を掲げましたが、私は気にせずに過ごしてきました。一九六六年にアメリカへ行った時に知ったのですが、朴時亨の『朝鮮土地制度史』(上)(一九六〇年)が私とまったく同じ主張をしているのを見て驚きました。それで、国境と理念を越えて具体的事実に忠実ならば、同じ結論が得られるのだと考えるようになりました。最近も北朝鮮で高麗の府兵を専業上層軍人とみる見解が発表されて、興味をそそってくれています(安ミョンス、「高麗府兵制度のいくつかの特徴」『歴史科学』一七七、二〇〇一年)。

一方、新羅末期の私兵所有者を時代をさかのぼって考察すると、結局新羅の真骨貴族[7]とぶつかるようになります。ところが彼らの政治的活動についてはこれといった説明がありません。ただ幸いに新羅の官職名は『三国史記』の職官志に詳しく出ており、また本紀には上大等[8]と執事部中侍⑨の任免に関する記録がほとんど欠けることなく載っています。私はこれらの記録を検討した結果、概して三国時代の上代（中古）は大等と上大等が政治勢力の中心となった貴族連合政治時代ということができ、統一後約一〇〇年間の中代は執事部中侍が王権を代弁する専制政治時代であり、下代は上大等が登場しつつ真骨貴族の間の政権争いが激しかった貴族連立政治時代と規定できると主張しました（『新羅政治社会史研究』一九七四年）。従来新羅史は王位の継承関係を基準にして、奈勿王系時代とか武烈王系時代とか元聖王系時代というふうに整理したり、あるいは奴隷制社会とか封建社会という論議がありましたが、政治形態を中心にした研究はなかったので、私としては努力しただけ成果もあったと思った次第です。

これに対しても多くの批判が加えられました。官職によって政治的性格を規定することができるのかとか、貴族会議が厳存する骨品制社会で専制政治が可能かとか、人間を類型化することは歴史の真実を理解するのに障害になるなど、ここでいちいち取り上げるのが困難なほどです。しかし同じ官職に任命された人物たちが一定の共通点を持っていたなら、それを通じてその政治的性格を推測することができます。そして同じ官職でもそれが運営される状況によっては変化する像を理解することもできます。また専制政治とは、もともと身分制社会の産物であり、類型化作業は個人を中心に歴史を描いた前近代的史学から脱皮する必須の手続きです。このように可能な限り詳しい答弁を行いました（『韓国古代政治社会史研究』一九九六年の新羅部分参照）。

このような政治史・社会史に関する研究は、私に思想史を見直すように導いてくれました。そこで三国時代の仏教史部分を補充もし、また統一新羅時代の浄土信仰についても研究を進めました。そして新羅社会が専制政治下で分化作用が起きた関係で、同じ浄土信仰でも身分によってその内容が違うという点を指摘しておきました。例えば国王の場合は、死後に追善によって往生するように祈るものでしたし、奴婢の場合は現身で念仏によって往生するように祈るような差があることを明らかにしたのです（『新羅思想史研究』一九八六年）。

一方、独立した論文として書いたものではありませんが、『韓国史新論』で統一新羅時代に華厳宗が専制王権を中心にした中央集権的支配体制を裏付けたと叙述しました。これは金文経の「儀式を通じた仏教の大衆化運動」（『史学志』四、一九七〇年）で提示された見解に賛同して叙述したものでした。これに対して金相鉉が仏教信仰の立場から批判を加えてきました。彼によれば華厳思想は時代と場所を超える超歴史的な普遍性を帯びたものであるから、世俗的な理念になることはできないということでした（「新羅中代専制王権と華厳宗」『東方学志』四四、一九八四年）。しかしいかなる宗教的思想も結局は人間の思想であり、人間の他のすべての行為と同じく、その思想も歴史的考察の対象から脱することができないというのが私の考えです。

4 『韓国史新論』と時代区分問題

今は恥ずかしいことと思っていますが、私は比較的早くから概説を書きました。概して教材のためでしたが、それで一九六一年に刊行された『国史新論』の後記で金銭的な誘惑を振りきることができずに書くようになったことを告白して、読者の赦しを求めたりしました。そのため自分自身の独自の特色を持ったものになりませんでした。ただ『国史新論』では、植民主義史観を批判する比較的長文の緒論を、力を注いで書きました。この前書きは植民主義史観を学問的に批判する最初の文になり、これを読んで感激して涙を流したという人もいて、少なからずやりがいを感じました。しかしそれは概説の本論とは関係のないことであり、慣例による王朝中心の時代区分は暫定的な臨時方便にすぎませんでした。

その後私は、概説をどのようにすれば生動感あふれるように書けるかと、少なからず苦心しました。そういう苦心の結果、新しい整理は人間中心に試みるのが良いという考えを持つようになりました。ここには旗田巍※が彼の『朝鮮史』（一九五一年）で、従来日本での韓国史研究が人間のいない史学だったと批判したことに刺激を受けた事実があります。このような観点で新しい構想をする私に、まず頭に浮かんだのが後三国時代を中心とした新羅末・高麗初の豪族たちの活動時期でした。従来この時期は、すべての概説書できわめて軽く処理されるのが普通でした。しかしこの時期は、前の時代とは違う類型の人間たちが歴史のイニシアティブを握っていた歴史の変革期で、新しい時代を開いて行った跳躍期でもありました。彼ら豪族たちは城主とか将軍とかであり、軍事的に兵を従えており、また政治的にも経済的にも独立していました。そしてこの時期に、思想的には禅宗と風水地理説が流行しはじめ、美術においては巨大な仏像が作られて、独特の浮屠と塔碑が流行しましたが、これらは皆豪族と連結させてはじめて説明ができるものです。それで私はこの時期を「豪族の時代」と名づけて独立させ、二〇頁以上を割りあてました。このように一定の時期に歴史のイニシアティブを握っていた社会的支配勢力を基準にして時代区分をして概説を書くと、韓国史が発展してきた過程が生動感を持って理解できると考えたのです。その結果、『韓国史新論』では、全体が一八(後に一六)に時代区分され、その各々は一つの章として処理されました。

このような支配勢力を基準にした時代区分に対して、これを支配階級中心史観だという批判がありました。しかし私は新石器時代には氏族員が支配勢力でしたし、近代には民衆が支配勢力として登場しているといいました。氏族員や民衆が支配階級ではないことが明らかなように、私の時代区分は支配階級中心ではありません。また一方では、どの時代が世界史的時代区分上の古代・中世・近代に該当するのかは解明できないという批判もありました(車河淳『韓国の歴史』一九七九年)。ここでいう世界史的時代区分がどのようなものなのか説明がないのでよくわかりません。

もしそれが奴隷制社会・封建社会・資本主義社会のような具体的内容が込められていないものならば、その古代・中世・近代は無意味であり、決して世界史的時代区分ではないのです。このような中で、西洋史で微視的な主題別時代区分が一般史編述で支配的な傾向になっているという紹介（車河淳「時代区分の理論と実際」『韓国史時代区分論』一九九五年）は私に大きな力になりました。

ところで私は、韓国史の支配勢力が一定の時期まではその社会的基盤が漸次狭まり、統一新羅の専制政治時代を頂点としてその社会的基盤が漸次拡がっていき、そうするうちに身分制が廃止された後にはさらに社会的基盤が拡がって、ついに商工業者や農民なども次第に社会的進出をするようになったと考えました。これと関連して注目されるのが、李万甲の次のような主張です。すなわち彼は、六〇年代中盤から「一社会の変革を主導する勢力は、支配階級のすぐ下に位置する周辺集団だ」と主張してきました（『意識に対する社会学者の挑戦』一九九六年、序言）。彼が仮説だといったこの主張は、私が韓国史発展過程の後半部を見る視点と一致しています。私は『韓国史新論』で、上に提示した発展過程の傾向を法則のように主張することができるかどうかわからないといいましたが、今は李万甲の主張に力を得て、そのように見ても良いという考えです。そして上で提示した三段階の発展過程を、古代・中世・近代の三分法で処理することもできるという誘惑を受けたりもします。しかし学者によってどのようにも解釈できる三分法には、何の意味もないという思いで、その誘惑を退けています。

結局韓国史は、統一新羅以後、より多くの民族構成員が平等な立場で政治活動の自由、職業選択の自由、結婚の自由、思想の自由、信仰の自由、学問の自由を追い求めてきた過程として理解することができます。私は、この流れを韓国史発展の法則として理解することができ、この真理を理解することが韓国史のこれからの発展方向に対する道案内になると信じています。

学問は真理を探究することを目的にする、という平凡な信念で今まで韓国史研究に専念してきました。私のこのような信念は、矢内原忠雄※によって鼓吹されました。彼は篤実な無教会主義キリスト教信者でしたが、私は彼が学問的真理を強調していることにさらに感化を受けました。今日、民族を至上と思う傾向が広がっています。しかし民族は決して至上のものではありません。この点は民衆の場合にも同じです。至上であることは真理であることを意味します。真理に逆らえば民族である民衆は破滅を免れえません。今日の学者たちはこの点に対する信頼を確固として堅持しなければならないと信じています。

(1) 新羅の青年貴族集団の指導者であった花郎の独立精神を受け継ごうとする立場（編者注）。

(2) 一四五六年、世祖によって王位を追われた端宗の復位を図って処刑され、後に忠臣として称えられることになった成三問など六人の政治家（編者注）。

(3) 檀君は朝鮮の神話に出てくる人物であり、紀元前二三三三年に檀君朝鮮という古代国家を創建したという伝承がある。檀君が実在したという主張をする者も多い（編者注）。
（4）檀君神話における、倍達国の君主の称号（編者注）。
（5）高麗時代の土地制度で、官僚に田地と柴地を与えた（編者注）。
（6）朝鮮時代初期の土地制度。高麗末の土地制度紊乱を改め、官僚に対する土地支給を国家の統制化に置くことを目的とした（編者注）。
（7）新羅の王京人を対象にした身分制度であった骨品制において、聖骨についで二番目の高い地位にある真骨身分を有した貴族（編者注）。
（8）新羅の最高官職で、高級貴族である大等の首席であった（編者注）。
（9）執事部は新羅の最高中央行政機関で、中侍はその長官（編者注）。

日本近代史研究と朝鮮問題

中塚　明

［第二回—二（二〇〇三年）］

「第三回日韓歴史家会議開催記念公開講演会」で、話をする機会を与えられましたことを大変光栄に存じております。「歴史家の誕生」というテーマで話をするのにふさわしい歴史家は、日本にたくさんいらっしゃいます。私が適任だとは決して思えませんので固辞したのですが、あえて私に日本の組織委員会からご依頼があったのは、私が長年、近代日本と朝鮮の関係を研究してきたものの一人であることによるのではないかと考えております。今日お話しするのは、約五〇年にわたり仕事をしてきた一人の歴史研究者の経験的なことがらにすぎません。しかも話の時間も限られております。それで今日は、私が近代日本の歴史を明らかにするのに、なぜ朝鮮問題を念頭においてきたのかということを中心にして、学恩を受けた方々のご紹介も兼ねて、お話したいと存じます。

なお、今日の話で、私が「朝鮮」という用語を使いますときは、それは大韓民国・朝鮮民主主義人民共和国を合わせた韓半島・朝鮮半島全域を指していることをはじめにお断りしておきます。

1　歴史研究者としての出発

私は一九二九年九月に生まれました。その翌月の一〇月二四日には、ニューヨーク株式市場が大暴落し世界大恐慌がはじまりました。二歳の誕生日の翌日には日本軍による中国東北侵略戦争(いわゆる「満州事変」)が引き起こされます。それ以後はご承知のように、「日中全面戦争」、「太平洋戦争」へと続きます。多くの日本の子どもたちがそうであったように「軍国少年」として育ち、一五歳で海軍兵学校にも進み、敗戦直前の約五か月は軍隊生活も経験しました。

私が大学に入って本格的に歴史の勉強をしはじめたのは、一九四九年のことです。その前、一九四六年からの旧制高等学校時代三年間はもちろんのこと、大学時代を含めて、日本はいわゆる「戦後激動の時代」でした。

戦前の日本を支配していた価値観は劇的に崩壊しつつありました。日本の歴史をどう見るかについても、大きな変革が起こっていたのは言うまでもありません。しかし、日本を占領したアメリカによって、天皇の戦争責任は免責されました。戦前の日本で絶対的な権力をふるっていた天皇は、普通なら負うべき戦争責任を問われなかったのです。また、私も含めて日本人に天皇の戦争責任を追及する主体的な力量がほとんどなかった、大変弱かったことも忘れてはなりません。このような事情によって、日本の軍国主義を支えてきた政治的・思想的力は巧みに温存されました。

アメリカのアジア・太平洋戦略の前進基地としての役割をになうことになった日本では、明治以来の軍国主義的思想は清算されることなく、新たに政治的な力として機能することになります。一九五〇年の朝鮮戦争を契機に、日本では今日の自衛隊につながる軍隊が復活し、戦前思想の返り咲きはいっそう顕著になり、年ごとに力を増していくことになります。

その朝鮮戦争の時期に私は大学の卒業論文を書きました。一八八〇年代の自由民権運動が、その衰退とともに国家主義的性格を強め、日本の朝鮮・中国侵略に加担していくようになるのか、その理由を解明しようというのが論文のテーマでした。この卒業論文は、私が日本と朝鮮との関係、朝鮮についてもっと知らなければ日本の歴史もわからないのではないか、と考えるようになった最初のものでした。

2　学恩を受けた人びと——特に山辺健太郎さんから学んだこと

いうまでもなく今日にいたる長い研究生活で、私は多くの先生や先輩、在日の韓国・朝鮮人を含めた多数の友人、さらに韓国や中国の諸先生からもさまざまな教えを受けてきました。また、いくつかの出版社のすぐれた編集者とも出会い、数冊の著作を出版することもできました。

(1) 在野の歴史家——山辺健太郎さんのこと

なかでも私が大きな影響、学恩を受けたのは山辺健太郎さんです。研究者に限らず誰もが経験することと思いますが、人はそれぞれにその成長過程で大きな影響を受けた人が一人や二人はいるのではないでしょうか。私の場合、それは山辺健太郎さんでした。

山辺さんは大学で専門の教育を受けた歴史家ではありません。文字通り、在野の歴史家です。小学校を卒業後、丸善大阪支店の見習店員となり、続いて若くして労働運動の世界に入った人です。一九〇五年の生まれで、私とは親子ほど歳が離れています。一九二九年の「四・一六事件」(この事件は、前年の「三・一五事件」に続く当時非合法のもとで活動していた日本共産党に対する弾圧事件です)で逮捕、投獄され、刑期を終えていったん出獄しますが、一九四一年、再び治安維持法違反で検挙、拘禁されました。しかし天皇制に屈伏することなく非転向を貫き、敗戦後の一九四五年一〇月一〇日、やっと出獄、自由の身になりました。

その山辺さんが、戦後、日本での朝鮮史研究におけるパイオニア的役割を果たすようになります。それはどうしてでしょうか。山辺さんには、敗戦前の自分の半生について書いた『社会主義運動半生記』（岩波新書、一九七六年）という著作があります。山辺さんには戦前日本に渡ってきた朝鮮人労働者との交流が社会運動を通して早くからありました。関東大震災に遭遇し幸運にも難を逃れて、その後奈良県で労働運動・農民運動などに参加した全虎岩、戦前から戦後にかけて在日朝鮮人労働運動の指導的立場にあった金天海などです。山辺さんは獄中で「金天海と出会ったことなどが、のちに私の朝鮮史研究の原点になっていると思います」と述べています。

山辺健太郎さんは、天皇制軍国主義の下でも、日本が行った侵略戦争や植民地支配に手を貸さなかった数少ない日本人の一人でした。「非転向の社会主義者」というと、なにか融通のきかない、堅苦しい人物を想像されるかもしれませんが、彼は決してそうではありませんでした。日露戦争の後、日本で台頭したいわゆる「大正デモクラシー」の風潮の、もっとも良質な面を身につけていた人物といってよいでしょう。きわめて柔軟な思想の持ち主で、社会的な権威や名利とはいっさい無縁の人でした。戦後は長く国会図書館の憲政資料室で史料を読んで研究したのですが、わからないことがあると、相手の思想的立場などには頓着なく誰にでも教えをこい、交流を深めていました。私と山辺さんのつき合いがはじまるのは、一九五〇年代の終わりごろからです。

(2) 山辺さんから学んだことの第一――日本近代史研究における朝鮮問題の重要性

私が山辺さんから教えられたことは二つあります。第一は日本近代史研究における朝鮮問題の重要性ということです。山辺さんは次のように言っています。

「〔前略〕学問の研究にとって研究の自由がいかに重要なものであるかが、よくわかると思う。戦前の朝鮮史にはこの研究の自由はまったくなかった。矢内原忠雄※には『帝国主義下の台湾』という本があったのに、『帝国主義下の朝鮮』という本がなかったことを私は不思議に思うが、これはつぎのような理由からであろう。朝鮮には台湾とくらべものにならないくらいの有力な民族解放運動があったので、この民族解放運動を刺激するような、朝鮮における日本の帝国主義政策を批判する研究発表は許されなかった。〔中略〕野呂栄太郎※の『日本資本主義発達史』の時代は、「日本資本主義の発達にとって植民地収奪がいかなる意義をもつか？」ということは政治上の理由で書けなかったが、今後はこの問題を論じなければ、日本資本主義発達史も書けないだろう。これが今後の朝鮮史研究の課題となろう」（『思想』一九六六年九月号）。

山辺さんの「朝鮮史研究」にも、在日朝鮮人の歴史家であった朴慶植さんたちから批判されたように、「日本の朝鮮侵略史をもってあたかも「朝鮮史」である」かのように受け取られる弱点がありました。しかし、日本の近代史・資本主義発達史における朝鮮問題研究の重要性をいち早く提唱し、みずから実践し、戦後日本で先駆的な役割を果たした『日韓併合小史』・『日本統治下の朝鮮』（共に岩波新書）などの著作を著した、その史学史的意義はきわめて大きいものがあると私は考えています。なお、山辺さんを通して私が知り合った朴慶植さんも、戦後の日本でいち早く朝鮮人強制連行の研究を始め、その問題意識をもち続け、在野の道をまっしぐらに生き続けた歴史家であったことをここで付け加えておきます。

(3) 山辺さんから学んだことの第二――第一次史料によって歴史を叙述する

山辺さんから教わったことの第二は、動かすことのできない第一次史料によって歴史を叙述するということです。天皇制の支配に屈することのなかった山辺さんは、天皇制の支配下で出版された書物を無批判的に受け入れるのではなく、どんな有名な人物の書いたものでも、そこで使われている史料の原本を必ず見なければならないと常々主張していました。天皇制下の出版物は、その許容範囲で書かれており、したがって削除されたり、歪められたりしていることがしばしばあるからです。

山辺さんに導かれ、私が第一次史料に直接触れ、その史料的価値の貴重さと、それを読む面白さをはじめて知ったのは、戦後はじめて企画された『岩波講座日本歴史』(一九六二―六四年刊行)に「日清戦争」を書くために史料集めをしていた一九六〇年代はじめのことでした。この準備の過程で、私は国会図書館の憲政資料室で『陸奥宗光関係文書』に出会ったのです。山辺さんから外務省の「外交文書室にあるべきものでないものが、ここにはいっぱいある」からぜひ来るようにすすめていただいて、はじめて国会図書館の憲政資料室に行きました。それまで近代日本の政治家たちの残した手の加えられていない記録などにふれる機会のほとんどなかった私は、初めて訪れた憲政資料室に目を見張りました。さしあたって日清戦争関係の史料をもとめて、整理が終わって公開されたばかりの『陸奥宗光関係文書』に、私は文字通り没入することになりました。

陸奥宗光外相と在外公使との往復書簡、その控えや写しなど、加筆・修正のあとも生々しい訓令や条約草案、あるいは陸奥が日清戦争後、その著述に心血をそそいだ『蹇蹇録』の草稿等々に、私はとりわけ注目しました。もう四〇年以上も前のことですが、初めてこれらの文書に目を通したときの興奮はいまだに忘れられません。私の研究生活でまさに画期的なことでした。

その後、陸奥宗光研究は『「蹇蹇録」の世界』として公刊しました（みすず書房、一九九二年、復刊新装版、二〇〇六年五月）が、さらには一九九四年の福島県立図書館佐藤文庫で参謀本部が書いた「日清戦史」の草案から朝鮮王宮（景福宮）占領の詳細な記録を発見したこと。その成果は『歴史の偽造をただす』と題して公刊（高文研、一九九七年）し、幸いにも朴孟洙さんによって『景福宮を占領せよ』との表題で韓国語版も出版されました（プルンヨクサ、二〇〇二年）。こうした私の現在に至る一連の仕事は、山辺さんの教えと憲政資料室での体験なしには考えられないものです。

3　国会図書館の憲政資料室、そして『陸奥宗光関係文書』のこと

ここで日本の国会図書館の憲政資料室について、少しお話しておきます。日本における公文書の公開は現在でもさまざまな問題があり、決して満足すべきものではありませんが、戦後の特に日本近代史研究で、国会図書館の憲政資料室がはたした貢献はきわめて大きいものがあります。そのなり立ちや研究上の意義については、創設に尽力された大久保利謙さんが『日本近代史学事始め』（岩波新書、一九九六年）でエピソードもふくめて詳細に書かれています。大久保さんは憲政資料室についてこう言っています。

「憲政資料室はつまり、アーカイブの開祖でした。国費で史料を集めて、それを広く研究者に公開するわけですから、小規模とはいえ、立派なアーカイブです。だから、私は憲政史料だけでなく、幕末以降の政治・経済・外交史料で手に入るものは、すべて集めました。それがよかったと思います。戦後、日本近現代史の研究がブームになりますが、歴史研究は史料なしでは何もできません。史料的制約が気づかれた頃に憲政資料室ができて、近現代史研究の拠点みたいになったわけです」と。

戦後日本の日本近現代史や政治学・政治史の研究者で、憲政資料室のお世話にならなかった人はいないといっても過言ではありません。また外国の研究者でここを利用した人も少なくありません。

憲政資料室にある『陸奥宗光関係文書』は、陸奥宗光の孫で昨年（二〇〇二年）九五歳で亡くなられた陸奥陽之助さんが、第二次世界大戦の戦火から守るために、東京の三井信託銀行本店の地下トランクルームに預けていたものです。戦後、大久保利謙さんが憲政資料室設立の趣旨をのべて、陸奥家の史料を譲ってほしいといわれたとき、すぐ了解され、憲政資料室で初めて公開されることになったのです。

私の日清戦争や陸奥宗光関係の研究をかえりみますと、この陸奥陽之助さんや大久保利謙さんらの史料保存や公開への努力に、大きな恩恵を受けていることはいうまでもありません。歴史家は先行する研究への正当な敬意を忘れないだけではなく、こうした史料保存と公開のために尽力された人びとの功績も心に留めて仕事をしなければならないと、私は常々考えています。私は感謝の気持ちを込めてあらためて皆さまにもこのことをお伝えしておきたいと思います。

4　結びにかえて

時間も迫ってきましたので、最近、考えていることを述べて話を終わりたいと思います。先程も申しましたように、敗戦後の日本では、明治以後に日本が引き起こした戦争や植民地支配をどう見るかということについて、事実にもとづいた歴史認識はきわめて不十分なものでした。したがって「記憶の風化」という一般的な話ではなく、歴史的事実の無理解が研究者や作家なども含めて日本人の歴史認識をきわめて危ういものにしてきました。そのことを、今日、改めて自覚しなければならないと私は考えています。

韓国の皆さんもご承知だと思いますが、二〇〇二年秋の小泉首相の訪朝以後、いわゆる「拉致問題」や「核問題」をめぐって、日本で繰り広げられている「北朝鮮たたき」は異常な様相を呈しています。それは「北朝鮮」の悪口にとどまらず、いつの間にか韓国の悪口におよび、朝鮮民族全体への非難に向かう傾向が強まっています。事実をかえりみない政治家の「妄言」も後を絶ちません。「今様征韓論」と言っても言い過ぎではないかのような状況です。あえて事実を歪める「歴史修正主義」の動きも加速することでしょう。

ここで私は尊敬する歴史家、溪内謙さんの言葉を、もう一度自分の胸に刻みたいと思います。「すべての権力は過去を自己正当化のために利用しようとする。しばしば正当化に不都合な過去を抑圧し好都合な過去を文脈から切り離して誇張し、歴史を虚構に変えることも辞さない。権力による過去の裁断にたいして歴史家はいかなる態度をとるべきか。権力の正当化に奉仕することもひとつのありかたかもしれない。事実これまで歴史家は自らの意志によりあるいは強制されて「史官」(歴史を編集する役人—中塚)の役割を演じた。しかし学問としての歴史にふさわしい貢献は、政治的正当化のために歪曲された真実を復元し、進んで権力の歴史的正当性を問い、権力を超える洞察を未来に投げかけることによって、権力から自立した歴史感覚と批判精神とが社会に根づくのに力をかすことであろう」(溪内謙「ソヴィエト史の新

しい世代」、ナウカ、『窓』一〇〇号、一九九七年三月）

この溪内謙さんの言葉に、皆さんのご共感を得ることができれば幸いです。
これで私の話を終わります。ご清聴を感謝します。ありがとうございました。

歴史家と歴史教育者の間

佐々木隆爾

［第三回――一（二〇〇四年）］

1　歴史家の「再生」を求めて

私が自分の中の「歴史家の誕生」を確信できましたのは、ごく最近のことであります。本日は、この事情について語ることをお許しいただきたいと思います。

表題に「歴史家と歴史教育者の間」とつけましたのは、現在の職場（日本大学文理学部史学科）に勤務し、良い歴史教育者になろうと努力しますうちに、ようやく「歴史家の誕生」への間口が見えるようになったという意味であります。ここ数年の教師としての経験から、私は、良い歴史教師であろうとすれば、自分が歴史に触発される喜びを感じていなければならず、逆に、歴史を発見する喜びを失えば、学生に対する触発能力を失い、教師としての魅力を失うという事実を痛感させられました。そのため、何とかして歴史家としての自信を取り戻したいと考え、努力して参りました。本日はこの過程をお話し致します。

誠にお恥ずかしいのですが、一九九九年三月に東京都立大学を停年退職しました頃は、かなり重度の自信喪失症にかかっておりました。その原因としては、停年前数年にわたって管理職に従事させられ、かなりのストレスを溜めていたことが考えられます。またその間、研究活動に十分身を入れることができなかったという点もありました。しかし今から振り返れば、その根本原因は、自分の歴史学について、自分なりの自信を確立していなかった点にあったように思われます。つまり、私は歴史学的には未熟児であり、「歴史家の誕生」に至っていなかったのだと思います。

都立大学を停年退職後、幸いなことに日本大学文理学部に招かれ、教授になりました。私はこれを機会に、研究者であることからひとまず撤退し、学生にとって良い教師になり、自信の回復を図ろうと考えました。研究者と自任しておりました頃の私は、学生にその研究成果を教えるという習性に染まり、学生の知的要求に応えることを優先しようとは考えませんでした。日大に移ったことは、この習性を転換するチャンスと感じられました。これを機会に学生達のものの感じ方を把握し、かれらの知的要求のありように耳を傾けて、それに見合った教育をやってみようと考えたのです。

2　学生達との対話を求めて

日大文理学部での授業の中心は、二種類の講義でした。一つは総合教育科目の「戦争と平和」で、今一つは専門科目の「日本近現代史特講」でした。

「戦争と平和」は、「平和教育」科目群に位置づけられたもので、私の就任以前から置かれており、史学科から歴史分野の授業を提供するほか、文学・映画などについても授業が提供されるなど、ユニークな科目でした。就任当初は通年四単位となっていましたが、二〇〇〇年度の改革で半年二単位（同内容を前期・後期繰り返す）に変わり、「戦争と平和」というテーマ名も、現在では「歴史と社会Ⅰ（戦争論）」になっています。私はこの授業を担当することになり、自分の講義題目を「朝鮮戦争と日本」にいたしました。

「日本近現代史特講」は、当初は通年四単位に設定されていましたが、今では半期二単位となり、内容面では通年的ですが、形式的には前期・後期それぞれで完結するようにしています。この特講では、第二次世界大戦後の日本史を論じていますが、これについて立ち入ることは省略させていただきます。

私は、どちらの講義でも、学生の感性と知的要求を把握する機会、かれらとの対話の機会にしたいと考えました。そこで、学生達に、出席票の裏面を活用し、質問・疑問・意見などの発言を記入するよう要請いたしました。そして、次回の講義の初めに主な発言を紹介し、私の回答や意見を述べることにしました。

私の学生達がこの要請に応えてくれたことは、幸運であったと思います。多くの場合、出席者の三分の一以上が何らかの記入をしてくれるようになり、中には極めて鋭い意見を述べる学生も現れました。また数人の学生は毎回必ず記入し、私との対話を楽しみにするようになりました。こうした出席票システムは、整理に手間がかかるのですが、他方、出席表を一枚めくるごとに、学生の生の声が聞こえるというときめきの時間でもあります。

これを数年分通して読みますと、学生達の知的雰囲気が変化する様が感じ取れますし、何よりも、学生達が歴史的事実に対する関心を失わず、また知的対話に参加しようという意欲を持ち続けていることが実感されます。これは、私にある種の希望を与えてくれます。まして授業が楽しかったとか、充実を感じたと発言する学生を前にしますと、次回はもっと良い授業を用意しようという欲求が起こってまいります。時には激怒を誘う暴言も出ますが、「紛争の平和的解決」の原則を遵守し、暴言で応酬しないよう自戒しております。

3　講義「朝鮮戦争と日本」の試練

学生達から最も強い刺激を受けましたのは、「朝鮮戦争と日本」の講義を通じてです。この講義で朝鮮戦争を取り上げますのは、この戦争をよく知り、理解することが日本、韓国・北朝鮮、東アジアの戦後史・現代史を理解するカギになると考えているからです。

この講義は、実質一二回で完結するよう構成しています。朝鮮戦争については、以前から研究テーマの一つにしていましたので、この機会に、自分のこれまでの見解を見なおすとともに、現代の学生を触発できる論点を探し出すよう心がけました。私のこのテーマに関する研究の到達点は、歴史学研究会編『講座世界史』九（東京大学出版会、一九九六年）に執筆した「朝鮮戦争と対日講和・日米安保条約」に要約されています。しかし、これを執筆したあとに入手した書物や資料集も日本語、韓国語、英語、中国語などかなりの点数にのぼっています。書架を瞥見しましても、米国および韓国の公刊戦史のほかに、丁一権『原爆か休戦か』（日本語）、『米統合参謀本部史』（五巻、英語）、『公刊歴史——朝鮮戦争における英国の役割』（二巻、英語）、『彭徳懐自述』（中国語）、『評伝彭徳懐』（中国語）、『中国人民志願軍抗美援朝戦史』（中国語）、『経団連防衛生産委員会十年史』（日本語）等が眼につきます。これはいわば死蔵されていたのですから、是非活用して講義の鮮度を高めるのに役立てようという意欲も湧きました。

しかし実際に講義を始めてみると、それは大変骨の折れるものであることがわかりました。最大の問題は、受講生達が必要な予備知識を欠いていることです。学生達は一般に、戦後史（第二次世界大戦後の歴史）についての知識が希薄です。また戦後の韓国や北朝鮮の歴史について、関心はあっても知識が体系化されていません。さらに戦後史の中の戦争や紛争となると、学生達は、一部の兵器マニアは別として、戦争を歴史的に考えるという習慣を持っていません。しかし、その学生達の相当数が私の授業にやって来るわけですから、こうした知識を身につけたいという意欲は、決して弱くないのだと思われます。

私は授業を準備するに当たり、最低限この学生達を失望させたくないと考えました。そのため、いくつかの努力目標を設けました。第一は、予備知識を欠いた学生にもわかるよう準備することです。高校の教科書に出ている常識的な事実でも、必要最小限は話すことにしました。第二は、ヴィジュアル化することです。具体的には、地図・統計・写真などを活用して、学生に臨場感を持たせるようにすることです。この意図を持って上の文献を読み返して見ますと、有益な材料が実に多く収録されていることに気づかされます。たとえば『米統合参謀本部史』には、国連軍の国別派兵数とその変化を示す一覧表が載っていまして、学生はこれに強い関心を示しました。この中で私も、OHPフィルムを作ったり、映写したりすることに習熟しました。第三は、学生が提起する難しい質問に正直に対処し、ごまかさないよう努力することです。私は、調べれば答えられる問題には答えましたが、ただちに答えられない問題は、今後の調査・研究を約束して保留することにしました。

いずれにせよ、学生の疑問や要望にまともに答えようとすれば、研究活動を本気で再開するほかないと痛感させられ、また、独自の研究なしには、授業をユニークなものにすることはできないことも、納得させられました。歴史家への道は、こうして開かれたのです。

私の講義の概要を述べることは遠慮いたしますが、私が学生との対話の中で、自分独自の論点として打ち出すことができたことを、簡単に紹介させていただきたいと思います。

それは次のようなものです。

(1) 学生は核戦争の問題や、日本が核攻撃の基地として利用されるという問題には、かなり敏感であり、これを歴史的に追跡することに強い関心を示しました。そこで私は、開戦直後の米国首脳の間で交わされた対話の記録を読んだり、米国家安全保障会議(NSC)の議事録から軍事問題を追及したアメリカ人の研究書を読み返したりして、いくつかの事実を知りました。例えばトルーマン政権の首脳が、開戦直後から、嘉手納基地から原爆攻撃を行うという可能性に言及していた事実を、この時期の議事録で知りました。また解任直前のマッカーサーのもとで、原爆がグアムに移されましたが(一九五一年四月九日)、これを嘉手納基地に運び投下するという予定が中止されたという事実を、ある研究書で教えられました。この中止はマッカーサーが五一年四月一一日に解任されたことと関連があると思われます。

これは、朝鮮戦争が世界戦争に拡大される寸前まで行ったこと、またその際には、日本(沖縄・嘉手納基地)が核攻撃基地として利用されようとしたことを示しています。

(2)　朝鮮戦争に日本がどのような関わり方をしたかについて、学生達は強い関心を示します。日本が国連軍の基地としてさまざまに利用されただけでなく、掃海隊を派遣して戦争に関与したことは、多くの学生が知っています。しかし、米軍側に警察予備隊を急速に強化してこれを戦争に投入しようという主張が起こり（一九五一年一月初頭）、それが中止された事実や、中止の過程では、日本国内の民衆運動や世論の動向がかなりの役割を果たしたことなどは、知らない学生が多く、私の指摘には強い関心が寄せられました。

(3)　一九五一年九月に調印されたサンフランシスコ講和条約や日米安保条約が、朝鮮戦争の最中に締結されたことは、多くの学生が知っていますが、それらが、在日米軍基地が朝鮮戦争のために引き続き機能するように設計され、実施されたことは、あまり自覚されていないようです。とくにこの折、沖縄の施政権が日本に返還されなかったことや、日本本土に広大な海上演習場が設定されたことなどは、多くの発言を呼びました。

(4)　朝鮮戦争による「特需」（米軍の要請を受けて提供された物資・役務）については学生達は事象として知っていますが、その具体的内容、たとえばこの中で日本の兵器産業・自動車産業・航空機産業が復興・発展したこと、またそれらは一九四八年以後の賠償緩和政策で撤去を免れた企業によって支えられた場合が多かったことなどは、興味を引きました。

(5)　朝鮮戦争開始前における北朝鮮と中華人民共和国との関係には、日本帝国主義の遺産を受け継いだ面があるはずですが、十分解明されているとは言えません。この問題については、私は学生の質問に推測を語ることしかできませんでした。水豊発電所が朝鮮総督府の統治下で設計された時、発電量の半分を朝鮮に、もう半分を旧「満州」に供給することとされていました。日帝下で築かれたこのようなエネルギー供給方式は、解放後、果たして中断されたのでしょうか。朝鮮戦争中の米軍による水豊ダムの破壊や、中国人民義勇軍の大量参戦は、この問題とは関係がなかったのでしょうか。この点に関しては、今後歴史学的に解明したいと考えております。

(6) この戦争が、関係各国にどれほどの被害と影響を与えたかの問題にも強い関心が寄せられました。休戦後の復興は、韓国・北朝鮮は言うに及ばず、米国にとっても社会主義諸国にとっても重要な問題でした。両陣営が両国の復興を急ぎ、「援助競争」を繰り広げたのは周知の通りです。しかし、この過程を私の学生達に納得させようとすれば、まず戦争被害の実相を語る必要があります。それも、被害の状況を戦死者・戦傷者・民間人死傷者などの数字によって示すだけでなく、社会の崩壊の問題や関係者に残したトラウマの問題などをも語る必要があります。これは私の力量をはるかに越えた問題です。

4　学生達からの提言を研究に生かす

学生達からは、さらに根本的な問題が提起されました。その中で、私に強い衝撃を与えましたのは、おおむね次の三つに要約できるように思います。

第一は、朝鮮戦争が開始される前の韓国と北朝鮮の政治指導者と政治体制について、具体的な理解が得たいというものです。ある学生は、とくに李承晩※に関心を持ち、その思想や政治指導の仕方について調べ始めたが、適当な日本語の参考書が見つからないと書きました。日本の支配から解放されたあとの朝鮮半島について、実感のこもる理解がしたいと考える学生は確実に増えています。しかし、それに対応する参考文献の不足は否定のしようがありません。とくに李承晩の日本語評伝には、果たして良いものがあるのでしょうか。

第二は、現代日本の出発点が錯雑していて、大変わかりにくいというものです。端的に言って、一九四六年公布の「日本国憲法」に戦争放棄と軍備の完全放棄が規定されているのに、それが施行されて三年後に、日本全土の軍事的利用がなされたり、日本の再軍備と朝鮮戦争への参戦が計画されたり、また軍事工業が再建されたりすることが理解できないというものです。これは、日本人学生達の間に、この時期の日本史について、知識・認識が不充分で、共感が育っていないことを示しているように思われます。

第三は、朝鮮戦争に始まる戦後の局地戦争や、その背後にあった冷戦体制を克服する新しいシステムは、歴史の中に育っているのだろうかというものです。学生の中には、空想論を好む者もおりますが、他方で、歴史的事実の中から知恵を汲み取ろうという者も確実に育っております。かれらは、朝鮮戦争後の歴史を力強く把握したいと望んでいるのです。

このような発言を受けて、私も歴史家にもどり、研究論文を書いて、こうした発言に応える力を持ちたいという欲求を強め、いつの間にか研究に引き戻されるようになりました。

このような問題意識のもとで、最初に出来あがりましたのは、「冷戦体制下における東アジア政治構造」（中村哲・東アジア地域研究会編『現代からみた東アジア近現代史』〔講座東アジア近現代史1〕青木書店、二〇〇一年）でした。これは上の第三の問題を論じたものです。試論の域を出ないものですが、その主旨は、東アジアの冷戦的対決を止揚する指導原理となったのは、ソ連主導の社会主義でもアメリカ主導の軍事対決でもなく、一九五五年に宣言された「バンドン精神*」であり、それはＡＳＥＡＮ（東南アジア諸国連合）で具体化され、周辺諸国に広がりつつあるというものです。このように結論だけを申しますと、荒唐無稽と感じられる方も多いと思いますが、私は、現在の東アジアの事態が確かにこの方向に動いていると観測しております。

また、上の第二の問題に関わって書きましたのが「帰国運動の歴史的環境を問う」（小此木政夫監修・東北アジア問題研究所編『在日朝鮮人はなぜ帰国したのか』現代人文社、二〇〇四年）です。これは、朝鮮戦争で北朝鮮の労働人口が激減した結果、金日成政権は在日朝鮮人を大量に帰国させたという問題を論じたものです。朝鮮戦争の影響が地域を越えて広がり、日朝関係に大きな影を落としたという問題を、ある程度解明することに成功したと考えております。

第一の問題については、現在、ひそかにある計画を立てております。それは日本の歴史家の手による李承晩の評伝を作ることです。実は二〇〇一年一一月、第一回日韓歴史家会議に出席いたしました折、柳永益先生から『雩南李承晩文書』（延世大学校現代韓国学研究所編）が刊行されつつあることを教えられました。以前より学生から上のような要請を受けていた私は、日本における李承晩イメージがきわめて浅薄であることを痛感しておりました。そこでともかくこの文書を勉強してみようと考え、新宿にある高麗書林を通じて『雩南李承晩文書』の既刊分を買い求めました。柳先生の「刊行の辞」も拝読し、各巻を開いて見たのですが、李承晩自筆の文書（その多くは旧字体のハングル）が多く、この解読と整理には、相当な時間がかかることを実感させられた次第です。しかしこの大部の資料集は、三・一運動以来の李承晩の思想歴を克明に記録したものであり、その迫力は恐るべきもので、私の中にも、これらを読み解きたいという強い欲求を呼び起こしております。現在の職場を停年になりましたら、この計画に挑戦しようと決意しているところです。

5 「歴史家」の誕生

このように学生達と対話を交わしておりますうちに、私の中に大きな変化が起こりました。その一つは、書物・資料から習得した歴史知識や、同時代人としての白分の体験などが、大変貴重なものであると再認識するようになったことです。さらにそれらの事実を系統づけて、歴史の太い流れとして把握しようという欲求を持つようになったことです。この把握ができれば、教室で朝鮮戦争を語る場合でも、この戦争がその後の歴史をどう変えたのかを、もっとわかりやすく語ることができると思うのです。

これは、私が歴史教師から歴史家に脱皮する指標であるように思われます。

歴史家の視点を取り戻してみれば、朝鮮戦争についても、世界史的事件として検討すべき問題が数多く残されていることに気がつきます。日本で本格的な原水爆禁止運動が起こったのも、この戦争の中でした。休戦から二年後にインドのネルーらが「バンドン精神」を提起しましたが、この時念頭に置いたのは、やはりこの戦争の経験でした。朝鮮戦争が「核廃絶」や「平和共存」の思想を生み出したと言っても過言ではありません。

『雩南李承晩文書』など難解な資料に挑戦しようという意欲が戻って来たことも、私は嬉しく感じております。それにつれて、手許にある各国語の文献や資料への愛着も戻り、これらを駆使してみたいという意欲も回復して来ました。もっと次元の高い歴史像を構成したいという意欲も湧いてまいりました。

このようにして私は、歴史家としての誕生の端緒をつかんだと感じている次第です。

内的世界の探索のために

車河淳

〔第三回―二（二〇〇四年）〕

「歴史家の誕生」という題でお話しできることを光栄に思います。この講演は炉辺の対話のような個人的な回顧談です。現在まで両国の代表的な歴史家たちがこの会議に招請されました。私がそうした業績の素晴らしい方々と同列に並ぶことができるかどうか、自問しなければなりません。本来私はこの種の話があまり得意ではないのですが、韓国側の皆様の勧誘に押されてこの場に立った以上、私の私的な生の一部を公開しなければならなくなりました。主に、私がなぜ歴史家の道を選ぶようになったのか、研究の対象にした分野は何か、私の歴史観は何か、などを中心に、歴史家としての私の生の過程を手加減なしに話そうと思います。

およそすべての自叙伝的な話は自己中心的となる危険を持っており、私の話もそういう危険からまったく免れていると期待しにくいのは事実です。しかしできるだけその危険を避ける努力をしつつ、話の糸口をまず幼い時代から探してみようと思います。

1　ルネサンス研究

小説を乱読する幼い頃からの癖のため、私はある程度文学趣味に没頭していました。しかし光復*を経験してからは、自然科学だけが韓国を生かす道と信じて、物理学を勉強しようと思いました。当時は第二次世界大戦が終わった直後でしたので、原子物理学に対する関心が非常に高い時代であり、私も「高等微積分」や「曲線の追跡」のような高等数学を習い、物理学科に進学する準備をしていました。

ところがある日、突然考えが変わるようになりました。何人かの級友の家を転々としながら、大学入学試験の準備をしていた頃でした。若者たちが集まってみると、勉強よりもいろいろとおしゃべりをするのが常でした。偶然に話題は、「自然科学・技術で先に進んでいた中国が、どうして科学文明を成すことができなかったのか?」ということに及びました。話に熱中した私は、大胆にもその解答を求めようとする蛮勇を発揮し、そのため中国史（東洋史）を勉強することを決心しました。顧みてみれば、始めから解くことのできない、とてつもなく大きな問題に、臆することなく飛びかかったわけでした。著名な科学史家ジョゼフ・ニーダム※の一生の課題がわかるようになったのは、残念ながらずっと後のことでしたが、とにかく日的意識を持って歴史を勉強しようとしていたことだけは事実でした。

史学科に進学した私は、またもう一つの無謀な考えをするようになりました。東洋史を理解するためには世界史的観点が必要だと考えて、まず西洋史を勉強する手順を決めました。学部では西洋史を習って、その次の大学院に入ってから東洋史を本格的に勉強するというものでした。しかし結局、この遠大な（？）計画も中途で挫折してしまいました。ヨーロッパ・ヒューマニズムに関して書いた学士論文を読んだ先輩たちの積極的な勧誘をついに振りほどくことができず、結局大学院に進学しても西洋史を勉強するようになったのです。

かくして私は蛮勇と無謀のもたらした計画を二度とも失敗することによって、物理学を勉強しようとした当初の志を変え、結果的に史学、特に西洋史分野に立ち入るようになりました。西洋史の勉強においても、私の遍歴は続きました。初めは美術史、特にルネサンス美術史を専攻すると心に決めて美術史の本を読みあさりました。しかし結局ルネサンス美術史を理解するためには思想史的背景が重要だという結論に達し、美術史の勉強も無駄に終わりました。

思想史に対する最初の試みは、ルネサンス・ヒューマニズムに対する考察から始まりました。「共同生活兄弟団」(1)に関して書いた学部卒業論文は、いわゆる北方（北ヨーロッパ）ヒューマニズムの本質を糾明しようとするものであり、引き継いで修士学位論文として書いた「エラスムス研究」(一九五八年)はその延長線上で、社会改革または宗教改革の動きを観察するものでした。[2]

その後に私は、一七・一八世紀に研究の幅を広げて行きましたが、ルネサンスに対する関心は最近まで続きました。[3] ルネサンスは私の歴史研究の出発点でありつつ、学問的生を貫く持続的な関心分野となったのでした。

2 思想史への入門

大学の卒論でルネサンスを集中的に考察した時すでに、私は漠然とではありましたが、「思想の歴史」が重要だと感じていました。しかし思想史は一九六〇年代にはほとんど不毛地帯でしたから、何を勉強する分野なのか、その研究方法はどのようにするのか、に関しては意見がまちまちなのが実情でした。そのうえ、当時、韓国歴史学界は思想史そのものに対して関心を持っていなかったのです。[4]

私の思想史研究の転換点は、一九六五年にやってきました。その年の秋、三〇代半ばの私は副教授職を休職し、晩学の学生身分となりました。当時は思想史研究のための独自の学科があるアメリカの大学はボストン地域のブランダイス大学の観念史(History of Ideas)プログラムくらいでした。[5] この課程は、史学・哲学・政治学・社会学の四分野にわたった協同のプログラムとして、ハーバート・マルクーゼ※によって創設されました。ヘーゲル左派としてフランクフルト学派に属した彼はナチドイツからアメリカに移って来る前に、すでに『理性と革命』などの著述で世界的名声を得た思想家でした。一九六〇年代初めにこの本の韓国語翻訳が出ていましたが、これは当時の韓国の反共路線を考える時、不思議なほどに驚くべき事実でした。

とにかく一九六〇年代末から私の研究対象は、思想史の中でも政治・社会思想史に狭められ、私は特に啓蒙思想やフランス革命の知的背景に関して関心を傾けるようになりました(6)。

3 衡平の研究

啓蒙思想やフランス革命に関心が集まり、私の考えは平等概念に集中しました。自由及び正義と共に、平等とは個人間の社会的行為交換という私的領域において、また政府と国民の間の権利・義務の遂行という公的領域において、重要な政治哲学の原理です。ところで平等概念は、古典的民主主義が成立する一七世紀のみならず、特に一九世紀産業革命以後の複雑化した社会的力学関係の中で、多くの疑問を残しました。画一的な課税に代わる所得額による累進課税は、平等原理に反しないか？　能力ある個人でも勤務年数によって自動的に給与が決まることは平等原理に当たるのか？　高位官僚は退任後にもなぜ差別化された礼遇を受けるのか？　国家元首の車は速度、信号などに関する交通法規を守らなくてもよいのか？　似たような疑問は、次々と提起されうるのです。万人が平等だというのに、なぜ運転士は主人のために車のドアを開けてやらなければならないのか？　地位や年齢に構わず、上司・部下や親子の間で「同志、友」と呼ぶ共産国家での呼び方は「正しい」平等原理を満たしているのか？　これ以外にも類似した具体的な疑問がたくさんありうるのです。

このような疑問は、私たちが窮極的に追い求める平等とは「形式的な平準化」ではなく、「正しい」平等、「理に適った」平等という点であることを示唆しています。問題の核心は平等の「公正性」、すなわち平等の正義（正当性）にあります。ヴォルテールは、枢機卿の料理士は枢機卿と同等ではないといったことがありますが、これは枢機卿と料理士の間の「機能的」不平等をいったのです。条件のない万人の平等というものは「現実的には」ありえないし、すべての人が皆枢機卿になったとすれば社会が存続できないというのです。公正な不平等や適当な差別は、公平な対等や妥当な同等と同様に「社会的に」重要で必須であることがわかります。年齢・性別・職能・実績・功過と賞罰・必要・所得などを考える時、初めて平等は単純な自然的平等による平準化ではなく、「正しく公平な平等」、または「理に適った適切な平等」が「社会的に」実現するようになります。このようにして、人間の自然的平等が損傷されずに、理に適った社会的基準によって設定された適切な不平等は正当化されます。そして人間の自然な平等と共に、正当に設定された「社会的」不平等という両者を共に正当化することができる根拠を、「衡平」によって求めることができるというのが私の考えでした。

衡平概念は一七世紀のヨーロッパの自由・民主主義の胎動期にすでに現れましたが、当時は「万人の平等」という力強い掛け声によって隠されていました。しかし衡平の政治的意味は、当時の思想家たちの著作でも立証されました[7]。

その後十年余りの間、考えを整理した末に一九八三年に出版した『衡平の研究』は、大韓民国学術院賞を受けて、私は大きく激励されました。これによって従来まで、学界・言論界はもちろん、官界でもほとんどなじみの薄かった衡平や衡平性という言葉が日常化されるきっかけになったと自負しています。それでも現在の状況では未だに衡平原理、または衡平概念は、単に発題の段階に留まっていると考えられます。政治・社会哲学的概念としての衡平については哲人たちの思考や省察が要求され、なおかつそれが社会生活でいかに具体的に適用されるのかに関しては、政治学者を含めて経済学者・社会学者・法律家たちの深い研究が必要です[8]。私は衡平が、哲学的にもう少し深く糾明されて、政治・社会・経済の分野で具体的に詳論されたらよいと考え、期待しています。

4 歴史理論

私のもう一つの主要関心分野は、歴史理論や史学の歴史であり、これに関しては私の学問的遍歴が始まる時まで遡らねばなりません。自分たちの時代を「新しい時代」として明確に認識したルネサンス・ヒューマニストたちによって、古代・中世・近代という三分法的時代区分の論議が始まったことは周知の事実です。韓国では一九六〇年代後半に時代区分論が活発な論争を行い、一九七〇年代に入っても論議の熱気は冷めず、一九九六年度全国歴史学大会の共通テーマとなった最近まで、この主題は歴史学界の絶え間ない争点として残っていました。(9)

一九七四年出版の『歴史の理解』という小冊子を編集したことがきっかけとなって、私は本格的に歴史哲学や史学史について考察し、続けて歴史事実に対する客観的接近と主観の介入の問題を扱うようになりました。(10) これは、歴史が科学なのか、文学なのかという歴史の学問的性格とも関連がある問題でした。(11)

ほとんど同じ時期に、私は歴史観の概念と特性を糾明するようになりましたが、これは当時の韓国の現実とも関係がありました。その時はいわゆる運動圏の学生たちがマルクス史観に心酔していた時期であり、当然社会的にも「歴史観とは何か」が論争の焦点になっていました。しかし歴史観に関する文献がほとんどない状況でしたので、何回も講演に動員されたりしました。とにかく歴史理論と史学史は極めて最近まで私の重要関心事の一つとなっています。(12)

5　現代史に対する関心

自分の同時代的な社会の現実や体験と関連して、格別に関心を持った分野が現代史でした。一九七〇年代以来、朴正熙政権と維新体制に抵抗する学生デモが激烈になり、催涙弾が乱舞する中、政府の抑圧も強まりました。軍隊が校内に駐屯し、学生は校内への出入りが禁止され、教授は軍が発給した出入証を胸につけて出入りしました。私は一九八〇年の夏、それまで絶えず体制批判をしてきただけでなく、当時の政権を糾弾する時局宣言に署名したことによって逮捕される憂き目を経験したりしました。

このような事態は、私に大学の学問的機能と社会的役割を省察させる機会となりました。当時は教授に対する学生たちの社会運動への参加要求と、講壇守護に固執する職業的使命という二つの道の間で悩まざるをえなかったのです。果たして知識人の社会的参与はいかなる形態で成り立つか、これは大学教授たち大部分の共通の悩みでした。知識人は当然、社会悪と政治的弾圧を告発して社会的共感の基礎を形成するように努力しなければなりませんでした。このような信念によって、私は新聞のコラムと雑誌での論評を通じてそれなりに政治的独裁と人権蹂躙を批判しました[13]。

暗鬱な軍事独裁の体験は、歴史家の社会的位相と機能を反省するきっかけになりました。当時歴史学界は、ランケ的事実主義*を信奉して過去指向的な学問姿勢を貫徹していたので、現在や現代史は主要関心事ではありませんでした。しかし私は真なる歴史家ならば、現実問題から決して超然としていることはできず、したがって自分の専攻分野とは関係がなくても現代史は理解しなければならないと考えました。一九八〇年夏に、韓国で最初の『現代史』という専門誌が出るようになり、私は編集陣として参加しました。この雑誌の目的は、現代社会の政治・経済・社会・文化など多くの歴史的問題を大衆化しようとするところにありました。[14] 残念ながらこの雑誌も政府の弾圧で創刊号を出してただちに終刊になる運命に見舞われました。しかし私の現代史への関心はその後も弱まることはありませんでした。[15]

そして結局、現代史関連資料の発掘整理及び研究を体系化するための専門機関がない、という事実が問題の核心であると考えるようになりました。幸いにも一九九六年初めに現代史研究所を創設しなければならないという私の提案が受け入れられて、一年後には現代史研究所が発足するようになりました。その研究所を中心に、現代史の論文発表、各種資料の編集・刊行が行われ、また国際シンポジウムも開催されました。[16]

結論的に、現代史は現在の生を共有する私たち全ての同時代史であり、絶え間ない観察を要する「生きた歴史」だと言えます。私は今後とも続けて現代社会に起こることを見詰めながら、現代史に対する関心を持続させる考えを持っています。

6　比較史の方法

最近十年余りの間、私は比較方法の必要性を感じてきましたし、比較史の起源や比較史の方法論に関する文章を発表したりしました。しかし比較史の方法は、比較の基準、比較の妥当性などさまざまな史学概論的な省察が必要です。したがって文化比較に対する認識は拡散しなければならず、今後「多学問的」な分野として多くの関心が集まらなければならないものと信じます。

このような比較史の観点から、現代世界の多くの文化圏間の調和、または対立・衝突を考察する必要があります。民族文化と普遍文化、地域文化と世界化の間に緊張と摩擦がないことはありえませんが、二一世紀に向かう時点で両者は調和と共存を志向するようになるものと展望しています。韓国の一九七〇年代は民族主義的熱気が盛んな時期でしたが、当時私は民族主義的主張の偏狭性を批判して「開かれた」民族主義文化は普遍性が伴う時に、初めて発展が期待されると主張したことがあります[17]。

今は世界主義（グローバリズム）と地域主義（ローカリズムもしくはナショナリズム）が交差する時代（グローカリズムの時代）です。世界主義は多くの地域的文化に対する正確で体系的な理解を前提としています。ナショナリズムは世界化の二一世紀に歴史形成力として存続するか、そうでなければ歴史の裏道に消滅するのか？　これはまだ合意が導き出されていない問題です。しかし、もしナショナリズムが歴史形成に持続的に作用するのならば、それは自閉的である「集団ヒステリー」であるはずはないでしょう。世界主義と調和したナショナリズム、自由民主主義に土台を置いた「開放された」ナショナリズムへの変身が必要です。

この点で歴史家の役割も強調される必要があります。歴史家はすべての種類の「神話」から自由でなければならず、これは「事実尊重」精神によってのみ可能です。ここでエリック・ホブズボームの言葉を思い起こす必要があります。彼は一九九三年ブダペストの中央ヨーロッパ大学で行った講演「歴史に対する新しい脅威」で、事実と虚構の両者を区別することは歴史家の絶対的、かつ基本的な能力だと強調しました。彼は「私たちは事実を発明することはできないし、問題は証拠を土台として明確に答えられるべきである」と明言しました。私たちは「政治化された」歴史ではなく、「事実」を明らかにする歴史を目標にしなければならないし、「信頼に値する証拠」を提示する知的誠実性が重要です。たとえばパキスタンという国家は約半世紀前には存在しなかったのに、パキスタンの歴史を五千年前に遡及しようとする、いわゆる「歴史の発明」を取り巻く政治的陰謀があります。真の歴史家ならば決してこのような歴史の「発明」を受け入れませんし、そのような「発明」を可能にするいかなる「政治的陰謀」にも加わらないでしょう。

終わりに私は二つのことを強調しようと思います。人類の経験には時と空間を超越した共通性があるという事実と、人間の歴史は自由の増大に向けた展開過程であるという点です。まず私たちは人間としての共通性を共有し、私たちの存在を人類の一部分として確認するようになります。この点で歴史家は歴史研究において、常に人類の共通経験を尊重します。したがって歴史家は自分の専攻分野が何であっても常に「世界史家」であるという点です。次に強調したいのは、人間の自由です。私は特に歴史研究を通じて人間の内面世界の自律性を確信するようになりました。考えや感じ、または信念のような内面世界は、いかなる形態の強要によっても奪われることはできません。軍事政権による圧制によって人権が蹂躙される時期を経験した私の個人的経験は、人間の尊厳性と個人の自由ほど尊重すべきものはないという信念を、より一層確固にしました。私は自由主義に土台を置いた人間の内面世界（思想）の歴史的展開過程に焦点を合わせて、歴史を考察しようと努力しました。さまざまな知的遍歴にもかかわらず、私は人間のこのような歴史観を堅持して来ましたし、今後ともこれには変化がないだろうと申し上げることができます。

（1）一四世紀に創設された宗教集団で、オランダなど北方ヨーロッパに新しいタイプの学校を設立し、ルネサンス・ヒューマニズムにつながる教育を展開しました。エラスムスなどもそうした学校で学んでいます。

（2）私は一九六二年にアメリカ・ルネサンス学会に加入して最新の学問的情報を得る一方、一九六〇年代前半期を通じて主にルネサンスに関する論文を発表し、さらにその文をまとめて『ルネサンスの社会と思想』（一九七三年）を出版しました。

（3）フリードリヒ・マイネッケの『ランケとブルックハルト』（一九七九年）、ドナルド・ウィルコックスの『神と自我を求めて』（一九八五年）を翻訳しました。また、一九九二年九月東京の上智大学で開催された国際シンポジウム「東西の出会い――一四九二―一九九二」で地理革命を再評価する論文を発表しました。

（4）思想史という言葉はずいぶん前からあり、日本歴史学界の影響を受けた韓国歴史学界でも漠然とした思想史概念がなかったわけではありません。

（5）もともと観念史（History of Ideas）とは、一九三〇年代にジョンズ・ホプキンズ大学のアーサー・ラヴジョイがサークル運動で始め、一九六〇年代に自らの学術誌を出して急速に成長していた学問分野でした。それは「長期的に繰り返される固定された単位観念（unit-ideas）の歴史」でしたが、単位観念を最も代表的に知らせてくれたのは、彼の『存在の大いなる連鎖』（一九三六年、韓国語版一九八四年、日本語版一九七五年）でした。

（6）一九六六年五月、修士学位論文として全体主義の心理的基盤に関する「共産主義の宗教的性格」を完成し、その後一時フランス革命の知的背景になった啓蒙思想に関して文献を漁りました。このような縁で一九七六年ブランダイス大学のフランク・マニュエル※の『理性の時代』（一九五一年）を『啓蒙思想時代史』という題で翻訳しました。

（7）一九六九年春、「一七世紀政治理論に現われた衡平概念」という博士学位論文を完成した後、私は衡平概念を一八世紀まで拡大・追跡しようと考えました。

（8）一九七〇年代に、すでにアメリカとカナダで多くの経済学者や哲学者が衡平を扱って多くの論文を発表していました。

（9）一九七〇年初めに歴史学会でこの問題を李基白教授と共同発表して以来、一九九〇年代まで関心をもつようになりました。一九九〇年代半ばに、翰林科学院（翰林大学付属）が主催した時代区分に関するシンポジウムで、私は時代区分の理論と実際に関する基本的問題にアプローチし、その結果は一九九五年『韓国史時代区分論』（共著）の一部として発刊されました。

（10）「客観と主観の対立」という論文を『歴史の理論と叙述』（共著）の中に編入して発刊しました。

（11）この論議は、二〇世紀初めJ・B・ビュリとG・M・トレヴェリアンの論争によって触発されて以来、常に二〇世紀の史学界を賑わせた争点でしたが、私はこの問題を中心として文学専攻者たちと共に『歴史と文学』（一九八一年）という題目で共同執筆しました。

（12）一般人が容易に近づくことができる歴史哲学として『歴史の意味』（一九八一年）と『歴史の本質と認識』（一九八八年）を出版し、定年退職に臨んで『現代の歴史思想』（一九九四年）で史学史的関心を総合的に整理しました。

（13）同志意識を共有した若い新聞記者たちと大学助教授級の人々から受けた好反応は私に大きな勇気を与えました。この時の文章などは『歴史と知性』（一九七三年）にまとめて出版しました。

（14）現代史の課題と方法論に関してこの時書いた論文を補完して「現代史研究の特性と限界」（一九九二年）という題で発表しました。私は現代史の重要性を強調するために、一九九四年末歴史学会の年末発表会で「歴史家と現在」という題で発表し、一方、一九九五年に『中央日報』が現代史研究所を創設する時、諮問委員として参加しました。

（15）一九九〇年代末から二〇〇〇年代に移行する時点は、新世紀の始まりに関して社会一般の関心が高まりましたので「二一世紀はどの年に始まるか」を通じて一般の通念を批判しました。また新世紀の出発時点で、過ぎた二〇世紀の性格をそれなりに糾明してみようと、一九九九年夏に韓国西洋史学会が主管する全国歴史学大会で「パラドックスの時代――二〇世紀」を発表しました。二〇〇一年九月一一日ニューヨークの世界貿易センタービルに対するテロ攻撃のもたらした惨事は、文化の本質に対して省察するきっかけになり、惨事の直後、『東亜日報』が主催した座談会で、私はこの事件がもつ歴史的意味を探索しようとしました。私は、文化は時代と歴史の問題を解く鍵となるコードであるとみて、政策的解決をする戦略的概念という考えの下に「文化を通じて見た世界」という論文を二〇〇二年春に発表しました。

(16) 現代史研究所は、開所記念にG・イッガーズ、W・J・モムゼンなどを招待して「現代世界の流れと動力に対する理解」を主題として国際学術大会を開催しました。韓国唯一の現代史研究所は学術誌発刊、単行本出版、現代史関連資料刊行など活発な活動を行いましたが、残念ながら金大中政権によって閉鎖されました。

(17) この時「民族文化と普遍文化」を書きましたが、「ソウル評論賞」受賞により共感してくれる少数がいるという事実を確認することができました。

解放空間の一歴史学徒

李　元　淳

［第四回―一（二〇〇五年）］

紆余曲折はありましたが、私たち両国の歴史家たちが何らの制約なく年一回ずつ両国を往来して、「韓日歴史家会議」という名前の下に、歴史学の自由な学問の集まりを持ってから今回で五回目になると思います。毎回同じメンバーが集まったわけではなかったのですが、毎年続けて参加した方々が大部分なので、国を異にする両国の歴史家たちではありますが、相互間の人間的な情の交流と学問的理解が積み上げられてきたと思います。私自身はこの会議に初めの三回は参加しましたが、前回は事情によって参加することができませんでした。改めて、両国の歴史学者の皆さまにご挨拶させていただく次第です。

1　談論の問題意識

最近数年の間に、韓国史学界は「解放空間*」で歴史学徒として歴史学を専攻した後、大学の講壇で後輩の歴史学者を指導する一方、人並みはずれて歴史研究の業績を積み、韓国史学界をリードしてきたいわゆる「解放後第一世代歴史学者」たちが続けて他界したり、健康の問題で学問活動を中止したりしています。

これらの「解放後第一世代歴史学者」は、韓末・日帝*時代に歴史学を専攻し、日帝末期の民族性抹殺政策の下で民族歴史学者として活動し、解放後開校されたわが大学教育界に身を投じて、彼ら「解放空間第一世代歴史学者」を歴史学者として育て送り出し、彼ら新進歴史学者と共に韓国の現代歴史学を開拓領導する使命を尽くした末に、すでに皆他界された「元老歴史学者」に続いて、韓国現代歴史学を導いて来た歴史学者たちです。

「解放空間」という言葉は、一九四五年八月一五日に韓民族が植民地支配を脱した時から、北緯三八度線を間にして南北に進駐した米ソ両国軍の軍政を経て、理念によって分断された形にはなったものの、一九四八年に南北に政府が樹立されることで「自主的主権国家活動の歴史」を回復するまでの、三年間にわたる韓半島の歴史的状況を意味する言葉です。いいかえれば、植民地から主権国家への歴史光復*のための過渡的移行という一時期の韓半島の歴史的状況を包括的に表現する時事用語として、一部で使われている言葉なのです。

「解放空間の歴史学徒」は、まさにこの三年の間に韓国の大学で歴史学を専攻し、韓国社会に進出するようになった歴史学徒を意味します。彼らの一部は、国外の高等教育機関で歴史学を専攻している途中に八・一五解放を迎え、本国に帰国して韓半島の大学で続けて歴史学を専攻して学業を終えた歴史学徒でした。しかし大部分の学生たちは、日帝末期に国内の植民地高等教育機関である専門学校や大学で、他の学問を専攻していた人々で、解放空間となってから歴史学を専攻するために歴史学科に編入学して歴史を専攻するようになった歴史学徒です。彼らの中のかなり多くの者は、卒業後大学の助手や教授補佐、研究所の研究員になったり、海外留学を経て韓国の歴史学専門職として活動するようになりました。彼らはその後、大学の教壇に立って後輩歴史学徒の教育を担当する一方、自分たちの師匠である元老歴史学者と共に歴史学の研鑽に力を注ぎ、韓国現代歴史学の発展を主導するようになったのです。

「解放空間の歴史学徒」は、解放から六〇年の歳月を経た今日、皆八〇歳代になって、もうかなりの者は他界したり病床についたりして過ごしており、まだそれなりに活動している者は珍しいのが実情です。

「韓日歴史家会議」では、学術発表会に先立って、親交的学問行事として両国の歴史家一人ずつ、合わせて二人の自由な学問的講演を聴いてまいりました。講演に続いた参加者たちの自由な意見交換を通じて、相互間の歴史的問題を解いていくための助けを得ようと努力してきたのです。

　政治的に混乱した解放空間で歴史学を専攻し、その後続いて歴史研究にまい進すると同時に、歴史学の後輩たちを育てながら韓国現代歴史学を導いて来た解放後の韓国歴史学の「第一世代歴史学者」たちが過ごして来た「歴史的生」と「学問的歩み」という遺産を共有し、彼らが生きた時代と歴史に対する理解と認識を、共同の場で考えてみる機会を持とうという本会議の韓国側企画によって、私は、「解放空間」という特定の歴史的状況の中の限界的人間として、歴史学を専攻するようになった体験を話す「資料人士」として動員され、この場に出るようになったわけです。

　主題を一瞥してわかるように、私の話は解放空間の歴史学徒全てを代弁するのではなく、その範疇に属する一人の平凡な歴史学徒の話であるということを、まず前提にしていただかなければなりません。私論に流れる危険の大きい主題の講演であるため、その点を了解していただきたいと思います。この講演自体は、一個人に関することやその個人の場合に限定せず、この個人的事例報告をレンズにして、レンズの背後の世界、すなわち「解放空間」で歴史学を専攻して、「解放後韓国歴史学界の第一世代歴史学者として活動した者」たちの生と学問を忖度して下さるようお願いする次第です。

2　韓国語、韓国歴史教育を抹殺した皇国臣民化教育の衝撃

「解放空間の歴史学徒」として歴史学を勉強した私たち歴史学者たちは、大体一九二二年頃から一九二八年の間に生まれた者です。皆、植民地時代に小・中等教育を終えて、大学や専門学校での学業の途中で八・一五解放を迎え、引き続き国内の大学で歴史学の勉強を続けて大学を卒業した年齢層に属します。少数ではありますが、解放後中学校を卒業して大学に進学し、歴史学の勉強を始めた者もいます。

これらの「解放空間の歴史学徒」たちは小学生時代の一九三八年に、植民地朝鮮のすべての学校で朝鮮語と朝鮮史教育が禁止され、日本語と日本史を「国語」「国史」という教科目として勉強しなければならなくなった衝撃を幼い身で経験したことを覚えているでしょう（一九二六年生まれである私が小学校四年の時のことでした）。幼い小学生の身ではありましたが、朝鮮の学生がいかなる理由で自分の民族の歴史ではない日本の歴史を「国史」という教科で学び、わが民族の言葉と文字ではない日本語と日本の文字を「国語」という名前で学習しなければならないのか、それなりに考えざるをえませんでした。学校教育から国語ハングル文字教育を放逐して、わが歴史教育を廃絶させるだけでなく、全同胞に「日語常用」を強制する一方、書店に出回った朝鮮の歴史書や、はなはだしくは田舎の市場で農村の庶民層を相手に売られていた薄っぺらなハングルの物語

本さえ、捜索し、押収して燃やしてしまうという措置が取られたりもしたのです。

「解放空間の歴史学徒」は、まだ幼い小学生時代に、国を失って異民族の支配を受けるようになったら、言葉も文字も自分たちのものを自由に使うことができず、自分の歴史がわからない民に転落しなければならない歴史的悲しみを、それなりに考えてみざるをえないという衝撃的な事件に出会ったのです。この衝撃は、長い間私たちの胸の中に潜在するようになる心の痛みであり、同胞の痛みとして伝播され、長い間大切に保持されるようになりました。日本帝国は、一九三七年に日中戦争を挑発した後、植民地朝鮮の物的・人的資源を戦争遂行に投入するための前提作業として、民族性を抹殺して植民地人を「忠良な皇国臣民」に変えてしまおうという「皇国臣民化政策」を強行するようになりました。この政策遂行のために取られた朝鮮語・朝鮮史教育の廃棄措置につづく、「皇国臣民の誓詞の提唱*」「神社参拝の義務化*」「創氏改名の強要*」と「日語常用運動*」などの一連の措置は植民地人の情緒を無視した政策で、悠久な歴史と民族的生の放棄を強要することであったため、激しい憤りと痛みを引き起こしたのです。

日本本土の日本人学生たちは復誦しない言葉である「私たちは大日本帝国の臣民である」で始まる三項目の忠誠の誓いを朝会のたびに提唱する時、日本伝統の土俗神を団体で参拝する神社参拝の時、さらに慣れない日本式の名前で呼ばれた時、感じなければならなかった違和感はいつまでも消えませんでしたし、悔恨の情は心の奥底にしこりとして残りました。

3　小・中・大学生、社会人もハングルと韓国史を共に勉強した衝撃

一九四五年八月一五日、ついに韓半島は日帝の武力支配下から解放されました。解放独立万歳を高く叫んで通りを歩き回った国民も、次第に冷静さを取り戻し、民族の将来を真剣に考えるようになっていきました。

一九三八年に取られた朝鮮語・朝鮮歴史教育の禁絶措置によって、解放される日までハングル文字と国史を学校で学ぶことができなかった学生層である大学生、中学生、小学生はいうまでもなく、皆が基礎からハングルと韓国史を学び始めました。一方、庶民たちも新たに学ぼうとか、もう一度学ぼうと、自分から積極的に行動するようになりました。学校教育でハングル文字と国史を全く学ぶことができなかった学生層は、朝鮮語と歴史教育が禁止された年である一九三八年当時に小学校四年生だった者から、一九四五年解放当時に各種学校に在学していた学生層でした。それだけでなく、一九三八年以前に小学校に入学してハングル文字、国史を勉強した者も、もう一度勉強しなければならない状況でした。一方、大人たちの中にも、日帝による日本語常用の強制でハングルを使うことができず、国史の話を大っぴらにできない生活が長い間続いたため、ハングル文字と国史をほとんど忘れ、もう一度学習する必要がある者が多くいました。女性たちは当時学校教育の恩恵を受けにくかったのですが、民族解放を期してハングル文字を習おうとしま

した。このように痛ましい状況でしたが、ハングルと歴史の教養は、解放されたわが社会で生きるため、国家発展に寄与するため、さっそく学ばねばならない国民的必須教養だったのです。解放と共に小学生、中学生、はなはだしくは大学生まで、また国民各層の社会人までハングル文字と国史を学ぼうと、学校や全国到る所に急いで用意された教習所講習会、夜学などに集まっていきました。

小学生、中学生、大学生と市民、農民、労働者と婦女子たちが同じ教育の場で自民族の文字と自分の国の歴史を学ぶために、年齢と地位・職業の区別なく、ひと所に集まって来て熱心に学ぶ珍風景(?)を眺める気持ちは、悲喜こもごもでしたし、それは決して安楽に考えることのできない衝撃的な状況でした。失った自らの文字を取り戻して未来の新しい民族の生のために皆が馳せ参じる姿に感激して、将来を期しながらも、このような痛恨の風景を生んだ先祖の「悔恨の歴史」をも考えねばならないという衝撃も受けざるをえませんでした。

4 解放空間の政局混乱と経済破局の衝撃

一九四五年八月一五日昼一二時、全同胞が憧れてきた解放が現実となりました。しかし解放がすなわち自主的民族国家の樹立につながったのではありませんでした。国内外で民族の独立闘争が激しく展開されたことは事実でしたが、独自に争って解放を勝ち取ったのではなく、連合国の勝利がきっかけとなって迎えた解放だったため、解放直後に我が同胞たちがさっそく遂行せねばならない歴史的事業である自主独立国家の樹立と民族経済の建設などにおいて、戦勝勢力である連合国側の世界戦略の影響を受けざるをえなかったのです。北緯三八度線を境にして韓半島の南北には米ソ両国軍の軍政が実施され、韓半島は米ソ両大国が主導する世界的思想冷戦の最も鋭敏な焦点地域になり、国内政局にもその影響が直接的に及んで、左右勢力の政治的確執が日毎に深くならざるをえなかったのです。もちろん統一民族国家建設のための、さまざまな政治的努力がなかったわけではありませんが、世界冷戦の大きな枠の中に巻き込まれて、全同胞の切実な希望とは異って、解放政局は昏迷に落ちていくばかりでした。

解放を迎えた韓民族がまず遂行しなければならなかった民族経済の発展という課題も、期待とは違って、むしろ急速に悪化していきました。経済建設にとっての根本的な障害物は、植民地経済体制の遺制でした。帝国主義時代の日本は、日本帝国を一つの経済単位として、植民地はその体制の一つの部分としての役割を担当するように編制してありました。解放によって、このような隷属経済体制から脱しえたことは事実ですが、部分的経済性を清算して短時日に一つの独立した経済単位として自立することはできませんでした。解放されはしたものの、このような経済的特性は民族経済がすぐに自立して発展する上で大きな障害物となりました。跛行性を免れにくい体制的問題を抱きつつ三八線で国土が分断されたため、経済的条件が最悪の状態から出発せねばならないという問題を抱えることになったのです。解放によって民族経済は一時的に後退を強要されるというのが実情でした。物価は解放後一年間に二〇倍以上に暴騰し、労働者は半分以下に減少し、失業者は一〇〇万人以上に増えました。解放された祖国に海外から帰国する帰還同胞も多く、それも経済に影響を与えていました。

政治的発展と経済的強化は解放祖国の社会的安定と文化の伸展の基盤になるものでしたが、このように政局が混乱して経済が悪化の一路をたどったため、解放空間の一学徒として未来の民族史発展のために何をしようかと悩まざるをえませんでした。

5　解放空間の歴史学徒への道

田舎の小学校を卒業してから私は、平壌にある開校二年目を迎えた五年制中学校に進学しました。この中学校は、新設の経緯と教育体制が特別だったため、後日私が歴史を考え、歴史学を専攻するようになる背景となりました。平壌は元々民族意識が強い都市でしたが、この中学校は、神社参拝に反対して総督府によって閉校措置にされたある私立中学校の行く先のない学生たちを収容する一方、朝鮮人学生と日本人学生を対象に新入生を選抜し、同じクラスに入れるといういわゆる「内鮮共学」体制をとって新設された公立中学校でした。学校の創立過程も特異でしたが、閉校された学校の在校生だった上級組の学生、新たに入学した日本人、そして朝鮮人学生の三つの部類の中学生を受け入れた内鮮共学の中学校だったため、軍事訓練所のような厳格なスパルタ式教育を強力に実施した学校だったのです。私は、平壌という都市の風変わりな中学校の雰囲気に包まれて五年間勉強しながら、それなりに民族・政治・人間・価値などの問題を考えつつ生活せざるをえませんでした。一緒に勉強した日本人の学友たちを通じて、日本人の中にも善良で心のきれいな人間がいるという事実もわかるようになりました。

そのような恐ろしい時代に暮らしながら、中学校の休みに故郷に帰ったとき、田舎の小学校の教師を勤めていた父が、ある日私を呼んで対座させた後、今から私の言うことは聞くだけにして、他人に言うとか書き残さないようにして他人に伝えてはだめだと、きびしく念をおした後、学校で学ぶことのできなかった国史の概略とわが文化に関して、時間を置いて何回か話をしてくれました。初めて聞く国史の話であるため、全てを理解して覚えることはできませんでしたが、胸を打つほど驚いたこの貴重な機会を通じて、私は国史と初めて接することができたのでした。父の言ったように、聞いて忘れねばならなかった恐ろしい時代でしたが、私にそんな機会をくれた亡き父の配慮を、今でも繰り返し思い出します。

日本の敗戦が明らかに濃厚となって、最後の決戦に固執する軍部勢力の横暴が絶頂に達した時期である一九四四年に、私は五年制中学を卒業しました。しかし卒業後の未来は非常に暗澹としていました。一九四四年には、日本は植民地朝鮮に徴兵制を実施して、朝鮮の青年たちの軍役を義務化し、前線に追い込む強制措置を取りました。私たち朝鮮人とは無関係な不義の戦争に巻き込まれて、名分なく犠牲になることはできないというのが私の考えでしたので、まずは卒業するまでは徴兵が猶予になるただ一つの例外的専門学校である京城師範学校の本科に無条件に志願しました。日帝は一九四一年の戦時に対応して専門学校の修学期間を一年縮め、人文系専門学校を実業系に強制改編しながらも、教師を養成する師範学校は尋常科五年・演習科二年の学制を予科五年、本科三年の専門学校として昇格させる一方、専門学校課程である本科生は、卒業するまで徴兵を猶予する異例の措置を取っていたのです。日本軍入隊を避けようと角帽をかぶった大学と専門学校在校生、白線二つの校帽をかぶった大学予科生と旧制高等学校生たちまで集まった、学生たちで一杯の入試会場にひどく驚きましたが、幸いにも入学でき、八・一五解放の日まで軍入隊を猶予されながら学業を続けることができました。

解放の感激を満喫してから、解放祖国のために私のできたことは、専攻の学問を定めて、解放祖国の新しい歴史を担うことでした。私は過去に執着する「恨の歴史学」をしようというのではなく、未来志向的な「生の歴史学」に意味を見いだして、歴史学専攻の道を選び、同胞の未来のために歴史教師を養成する師範大学歴史科に進学しました。

「解放空間の歴史学徒」といっても歴史学を専攻に選んだ動機が同じであるはずはありません。生まれ育った条件が違うため、時局を見る視点が違うことがありえますし、学問に対する意識と情熱も同じわけはありません。ただ明らかなことは、「解放空間の歴史学徒」たちが、異民族による植民地圧制が最も苛酷な時期に小学校と中学校で植民地教育を履修しなければならず、解放の前後に中学校を終えて専門大学で高等教育を受けた世代であり、激動と昏迷の解放空間で歴史学を専攻するようになったという点です。これらの人々は苦難の体験を共有しながら、解放祖国の将来の発展に寄与しようと歴史学を専攻として選択した世代だったのです。解放されたにもかかわらず、民族国家を建設することができないまま、政局が混迷して、民族経済が構造的矛盾によって退歩するという困難を経験しているのが現実だったため、民族の将来を心配せねばならない青年世代でもありました。新しい歴史創造の陣痛を経験していた解放空間で、歴史学専攻を自らの決断で選び、歴史学専攻を志願して、生涯の間歴史学研究に進むようになった心情はどのようなものだったでしょうか。この場で彼らの心情を総括的にご報告することができずに、個人事例を長々とお話ししたことを申し訳なく思います。

終わりに、すでに逝去された解放空間の歴史学徒の冥福を祈願しつつ、私の話を終えたいと思います。

「自前の歴史学」を求めて

西川正雄

〔第四回―二(二〇〇五年)〕

1　戦争体験

李元淳先生と比べるまでもなく、私の一生はまことに平凡きわまるものであります。「歴史家の誕生」などとおこがましくて言えるものではありません。何のお役にも立ちますまいが、講演をお引き受けしましたので、あえてお話してみましょう。

生まれたのは東京、一九三三年七月で、同じ年の一二月に日本の現在の天皇が誕生しています。父は中学校の英語教師で、のちに東京商科大学(現、一橋大学)や東京大学でアメリカ文学を教えました。そのことを知った人々は、さぞかしハイカラな雰囲気の家庭だったと思うようですが、じっさいには、母がいち早く洋服を着ていたことを除けば、スープより味噌汁の世界でした。ただし、第二次世界大戦中は、アメリカ文学は「敵性文学」として批判されましたから、父が当時の日本の支配体制を快く思っていなかったことはたしかです。

私自身の最初の「記憶」は一九三七年の「南京陥落」を喜ぶ旗行列です。小学校（当時、国民学校と改名されました）の日々は、ごく普通の子供の世界でしたが、教室では「皇国史観」に基づく歴史を教えられ、いっぱし「軍国少年」のつもりでした。軍隊に志願するには一年若すぎましたが。

家の近くに中島飛行機製作所があったので、一九四二年にはグラマン戦闘機の空爆を受けました。爆弾とは言ってもまだ二五キログラムだったのですが、防空壕から見上げると、目に入ったのは電柱や木々ではなく、青空とグラマンだけでした。そして爆弾が空気を引き裂いて落ちてくる、その音には身がすくみました。一九四五年三月となると、毎夜のようにB29による空爆があり、照光弾が花火のように夜空を照らす中、焼夷弾が雨あられのように降り注ぎ、東京の下町では一二万人が死傷しました。様子を見に行ったところ、東京は西の端から東の果てまで見渡す限り、平らになっていました。やがて八月、広島と長崎に原子爆弾が投下されました。

一九四五年八月、日本は降伏し、マッカーサー将軍が第二のペリー提督を演じました。右往左往する人々で一杯の電車の中で、中年の女性が「わたしたちは、東条さんに騙されていたんだよ」と叫んだのを覚えています。しかし、旧支配層に対する責任追及も幕末のような排外主義も生じませんでした。今考えると不思議に思えますが、当時はみな飢えを凌ぐのに精一杯だったのでしょう。小学校の授業は続いていましたが、九月には、それまで使用されていた教科書の、軍国主義的な文章に墨を塗って消すようにと言われました。昨日まで軍国主義を唱えていた先生たちの中に、共産党支持に変わる人々が出るという状況でした。一夜で価値転換がなされたことを、その後の人生観に結び付けて考えるには私は幼稚に過ぎました。以前と以後と同じように、中学校への進学には入学試験があり、けっこう受験勉強をしました。とは言え、両親の影響だったのでしょう、「天皇陛下のおんために」と軍人が威張っていた社会が崩壊したことは歓迎すべきことに思われました。民主主義を求める知識人の発言や社会運動が盛んになり、希望が広がっていたと言えます。高校に進んでからのことですが、歴史部というサークルを作り、一九五一年に、学園祭で「平和を求めて」という展示を行い、機関誌で同じ題名で特集を組んだのでした。一方で、戦後民主化運動が広がり解放感があったと同時に、戦争がまた起こるのではないかという危機感もあったのです。今思うと、他人事としてしかとらえていなかったのですが、朝鮮戦争の時期でした。

一九五二年、東京大学に入学しました。東京で「メーデー事件」が起こるなど、「政治の季節」でした。人並みに学生運動に参加しましたが、デモの尻尾についていた程度です。もともと理工系に行くつもりはありませんでしたが、父と同じ分野だけは避けたいと考えていました。二年後、文学部西洋史学科に進み、ドイツ現代史を専攻することにしました。それは、高校での先生に進路相談をしたところ、エンゲルスの「ドイツ農民戦争」を読んで、その経済的な部分と歴史的な部分とのどちらに興味を持つかで決めたらよいと言われ、経済学部でなく文学部を選んだ結果です。ドイツ史にしたのは、ファシズムと社会主義に関心を抱いたからであります。

そのころの西洋史の分野では、ギリシア・ローマ史や中世史がいかにもアカデミックな雰囲気を代表しており、近世・近代史では、いわゆる「大塚史学」が全盛を誇っていました。西洋経済史研究の場での大塚久雄先生を代表とする学派です。それは、日本には「前近代的な」要素が未だに強く残っているのはなぜかと問い、イギリスにおけるように、商人資本からではなく農村の自営農民による「下からの」動きで資本主義化したのではなかったためだ、という答えを引き出しました。戦後の日本における民主化を求めるエートスにぴったりの学説で、多くの俊才を惹きつけていました。それに対して、現代史研究は、新聞記事の切り貼りの域を出ていないとばかり、アカデミズムの外に置かれていました。そうした雰囲気の中で、屹立した存在が江口朴郎※先生で、直接の指導教授ではありませんでしたが、じつに多くを教えられました。とかくめだかは群れたがると言いますが、現代史に関心のある学生たちが集まって、知恵を出し合いつつ卒業論文を書いた次第です。その会合が、今では二〇〇名を超える会員を擁する「現代史研究会」となり、例会は四三〇回以上、会報も五〇号に達するまでになっています。(1)

私が卒業論文のテーマにしたのは、一九二二年の、敗戦ドイツと革命ロシアとの間で結ばれた「ラパッロ条約」でした。大学院に進んで書いた修士論文のテーマは、ドイツの革命家ローザ・ルクセンブルク※です。いずれも、はっきりとその意味を心得て選んだテーマではなく、友人たちとの議論から示唆を受けてのことでした。ずっとあとになって思いますと、どちらも当時の冷戦期に流行したテーマの狭間にあった題材だったのでした。ともかく、アカデミズムの風習にならって、史料につくことに努めました。同じころ、ある世界史に関する企画に執筆する機会を与えられました。責は果たしたものの、先行研究のつまみ食いではないか、歴史に手触りしていない、ととても不安に思いました。今の若い研究者にとっては信じられないかも知れませんが、私の先生たちの世代は、ヨーロッパに行って文書館で史料を探すなどという機会が全くなかったのです。その代わり、先生たちの世代はヨーロッパの研究動向をじつによく咀嚼し紹介して下さっていました。どれだけ恩恵を蒙っていることか。

3　生の史料に接する

それにしても、生の史料なるものに接したのは、一九五九年にアメリカに行ってからのことです。日本では「安全保障条約」反対闘争の最中で、アメリカに行くなどとんでもないという雰囲気でした。しかし、江口先生のゼミで読んでいた、『一九一四年前の帝国主義(2)』という労作の著者、ハルガルテンに手紙を書いたら、なんと返事が来たのです。ハルガルテン先生は、ヴァイマル時代の保守的なドイツ歴史学界で、エッカルト・ケーアとともに批判的歴史学を切り開いた歴史家ですが、ユダヤ系だったこともあり、アメリカに亡命を余儀なくされました。たぶん「左翼」過ぎたのでしょう、アメリカでは大学に職を得ることができませんでした。したがって、私もアメリカではアルバイトで食いつなぐ日々を送りました。しかし、ハルガルテン先生は、連合国による、いわゆる「押収ドイツ文書」をマイクロフィルム化する事業を推進した一人で、ワシントンの議会図書館で、そのフィルムを毎日のように読んでおられました。生の史料の読み方をそこで教わりました。史料に基づいてこそ、先行研究の祖述の域を越えられることを。

もう一つアメリカで学んだことがあります。それは大学での講義の際に、詳しい文献目録が配られるということです。現在の日本では、学生にサービスしなければ、と、そのくらいのことは当たり前になっていますが、当時の東京大学にはなかったことです。弟子は親方から技術を盗め、という職人世界で一般的であったという風習と同様、大学でも自分で学べないような学生はほっておけ、というのが普通だったのです。しかし、私はアメリカの大学のやり方のほうがよいと思いました。そこで、大学に職を得てからは、授業の折には文献目録を配るようにしましたし、挙句は『ドイツ史研究入門』[3]という参考文献を、同僚の協力を得て出版するまでになりました。

訴えたかったのは、「あちら」の動向をいち早く紹介する「輸入史学」ではなく、自分の頭で考える「自前」の研究をすべきではないか、ということです。

さらに、一九六三年ころから、私は国際歴史学会議の事務局を担うことになり、さまざまな歴史学の国際交流に関与しました。今年（二〇〇五年）七月のシドニー大会では、韓国国内委員会と協力して、「教科書」部会を組織し、司会の役を果たしました[4]。

4　国際社会主義運動史

私自身は、一方でファシズムへの関心を抱き続けましたが、じっさいに研究を進めたのは社会主義史についてでした。三〇年以上にわたって、ヨーロッパ各地の文書館で史料を渉猟してきました。ソ連邦まで崩壊するという「大変動」の後、このテーマは辺境に追いやられてしまいました。心を萎えさせられる状況ですが、さりとて流行のテーマに切り替える器用さはもともと持っていませんし、社会主義の歴史が未来にとって重要な位置を占めていると依然として考えていますので、性懲りもなく追ってまいりました。来年には、第一次世界大戦後の国際社会主義運動について一書として刊行できるところまできました[5]。

ここで申し上げておいてよいと思われるのですが、いわゆる「言語論的転回*」を受けて、日本では、「歴史に事実も真実もない」あるのは「構築された言説だけだ」という発言があったので、反論しました。たしかに、歴史研究には主観的な要素があります。韓国と日本とで、近現代史の解釈に大きな違いがあること自体がその例証です。それにもかかわらず、歴史研究は、史料の発掘と史料批判を基本とするという共通の土俵の上に立っているから、相互理解も可能なのではないでしょうか。

もし、「歴史に事実も真実もない」となれば、現在、政治的問題にもなっている、日本の「新しい教科書をつくる会」版の教科書も、他の教科書と「同等の」言説となってしまいます。他の教科書は、史料に基づく歴史研究を基礎においているのに、ひたすら政治の領域で勝負しようとする「新しい教科書をつくる会」版の教科書を「同等」に置けるでしょうか。

そこで、ちょっと気になるのが、韓国の歴史学界の中に、韓国のナショナリズムに警鐘を鳴らし日本の「新しい教科書をつくる会」を批判するという歓迎すべき文脈の中で、この教科書が歴史相対主義を主唱しているなどと、「反面教師」としてであれ、そこから学ぶ点があるとする意見が出ていることです。また、ヨーロッパでは共通教科書が採択されている、という事実誤認が広がっていることです。もっとお互いに議論する必要があると思います。

5　自国史と世界史

以上のように、私はヨーロッパ史研究の道を歩んでいました。それは今でも変わりませんが、大きな転機となったのが、一九八二年です。その年、日本の教科書が日本のアジア侵略について十分書いていない、という批判が、韓国・中国その他アジアの政府・国民からいっせいになされたのです。私もその一人でしたが、日本の歴史教科書執筆者は、日本がアジアを「侵略」したことを書こうとしていました。それが実現しなかったのは、文部省の検定によって、「侵略」という表現が制約されていたからです。したがって、責は文部省にあると言ってもよかったのですが、教科書執筆者は、やはり自らにも責任があると考え、「社会科教科書執筆者懇談会」などを組織して、いっそうよい教科書の作成を目指す運動を展開しました。それ以前から、教科書検定制度自体を問う、家永裁判*が続いていたことが重要な背景となっていました。

そのような雰囲気の中で、吉田悟郎さんを中心に「比較史・比較歴史教育研究会」が誕生しました。中学・高校の教師と大学教師との共同体である点が特徴でしたが、規約もないちっぽけな研究会に過ぎませんでした。

そのころまで、広く知られるに至っていた「西ドイツ・ポーランド教科書会議*」のような企画は東アジアでは全くなされていなかったのです。そこで私たちは、一九八四年に、韓国・中国からの報告者を得て、今から言えば「第一回」の「東アジア歴史教育シンポジウム」を開催いたしました。すべてカンパによりました。そのころは、日本の「進歩的」歴史研究者の間では、韓国は独裁政権のもとにあり、北朝鮮の社会主義に期待するという雰囲気でしたから、韓国から参加者を迎えたのは画期的なことでした。それだけに、お互い最初はぎくしゃくしていました。一九八九年には第二回シンポジウムを行いました。天安門事件の直後で、中国から参加してくれるのかどうか、はらはらしました。他方、朝鮮民主主義人民共和国からの参加が実現したのです。南北の朝鮮の歴史家たちが一堂に会したのは、おそらくこの時が初めてだったのではないでしょうか。お互い鎧をまとっている感じでした。しかし、南北に分断されていても同じ朝鮮人としての共感が生まれ、しかも「日帝」時代に育った共和国からの代表が日本の民謡を歌ったりして、まことに和気藹々となりました。むろん、それで、「過去の克服」がなされたと思っては早計です。しかし、それへの一歩でしょう。

「比較史・比較歴史教育研究会」は、一九九四年に日清戦争をテーマに第三回シンポジウムを開き、その折にはベトナム・台湾から報告者を得ることができました。さらに一九九九年に帝国主義をテーマに第四回シンポジウムを開きました。四ないし五か国・地域からの報告を得ると、「日韓」「日中」といった二か国間の対話では見過ごされがちだった問題点が明らかになることは発見でした。たとえば、いわゆる「日清戦争」について、中国の歴史研究・教育では朝鮮の存在に十分に注意を払ってきていない、とか、ベトナム戦争の際には韓国は「加害者」の一翼を担ったのではないか、とか、あるいは、朝鮮と台湾で「植民地支配下での近代化」という微妙な問題について、比較に値する議論が生じている、など。なるほど、すぐに意見が一致するはずはありません。しかし、対話はお互いの歴史認識を深める、という実感を得た次第です(6)。

一九九五年には、日本の村山首相の提案によって実現した「平和友好交流計画」の一環として設立された「日中歴史研究センター」の評議員となりました。単なるヨーロッパ史研究者だった私がいただく年賀状が、いつしか、ヨーロッパからよりアジアからの方が多くなったのでした。

もう一つ申し上げておきたいのは、「比較史・比較歴史教育研究会」が標語として掲げた「自国史と世界史」にも関係することですが、私は世界史にたいへん興味を覚えるに至りました。高等学校の世界史教科書の編集執筆に長らく係わってきました。なればこそ、一九八二年の、日本の歴史教科書に対するいわゆる「国際批判」を、自分への批判と受け止めたのです。歴史学研究会編『講座　世界史』全一二巻（東京大学出版会、一九九五―九六年）の編集に一〇年近くを費やし、『角川　世界史辞典』（角川書店、二〇〇一年）の編集作業にも一〇年かけました。そして現在、歴史学研究会編『世界史史料』全一二巻（岩波書店より二〇〇六年に刊行開始）という九年前に最初の編集会議を開いた企画の実現をめざしております。まったく気の遠くなるような仕事で、そのようなことより自分自身の専門論文に専念すべきだという忠告も受けています。しかし、私にとっては、このような仕事を通じて世界の古今東西に関心を掻き立てられ、そのことが専門論文をも豊かにしてくれると信じております。

しかし、私にとって、いちばん衝撃的だったのは、この「比較史・比較歴史教育研究会」との関連で、一九九一年にソウルで開催された「二一世紀を志向する歴史教育」という日韓歴史教育セミナーに参加したときの体験であります。李元淳先生が自ら引率されて、江華島を訪れました。錬武堂跡に案内され、江華条約がいかに武力による強制であったかを知らされました。それ以上に、李先生が、「日帝*」時代、日本語をうまくしゃべれないとビンタをくらった、威張っていたのは普通の日本人だった、と言われたのには、答えようもありませんでした(7)。日本の反戦平和運動は、原爆の被害者として出発しました。日本人がアジアに対する加害者だったという自覚が出てきたのは、ようやくそのころからです。ひとつ言えるのは、国際対話の場で、かつて支配した側の方が支配された側に批判されてはじめて目を開かされる、ということです。つまり、支配した側の方が対話から学ぶことが多いのです。こうして日韓交流が進む中で、私のゼミに参加してくれた姜玉楚さんが亡くなられたことには、孔子が顔回を失ったときと同じ思いを感じます。

6 「虚学」としての歴史学

もう一度、普通の人々の戦争責任の問題に戻ります。ドイツの場合、悪かったのはナチスだと言明した、ヴァイツゼッカー大統領の演説が、ドイツの戦争責任を認めた証拠として、韓国をはじめ世界が受け入れ、納得しています。しかし、ドイツ国防軍もユダヤ人虐殺に関与していたことが明らかになり、ナチスとドイツ人を分ける論理が怪しくなってきました。ともあれ、普通の人々の戦争責任を問うのは難しい問題をはらんでいます。普通の人々が、どこであれ、侵略の尖兵になったり、苛酷な境遇に追いやられたり、というのが事実だからです。歴史学の分野では、ふつうの人間の戦争責任を問うというところまで問題を進めましたが、先に言ったように、問題は単純ではないので、その点を確認するということだけで、ひとまず満足しておきましょう。

歴史学は「虚学」であり、歴史教育とともに、いかなる傾向であれ政治権力から自由であるべきだ、というのが私の結論です。「虚学」であるからこそ、現実批判に資することができるのではないでしょうか。

それにしても、現在の日本の政治状況は、私にとって、半世紀にわたってそれなりに努力していた方向が一夜にして覆されたという思いです。敗戦直後、たとえば現在のイラクにおけるように占領軍に対する反撃もなく、A級戦犯が政界に返り咲く有様でした。それは、最初に申したように、日本の庶民が飢えていたからということだけでは説明できません。日本人は「終戦の詔勅」を「玉音放送」として受け入れ、そのうえ、アメリカ占領軍の政策のせいでもありますが、天皇の戦争責任を自ら追及しようとはしないできました。そのつけがいよいよ回ってきたのでしょう。絶望的な状況ですが、一からやり直すしかありません。

歴史家の誕生とはとても言えません。一歴史研究者・教育者として、忌憚ない意見を申し述べさせていただきました。

(1) http://www.soc.nii.ac.jp/ssmh/

(2) George W. F. Hallgarten, *Imperialismus vor 1914*, 2 Bde. (München, 1963).

(3) 西川正雄編『ドイツ史研究入門』(東京大学出版会、一九八四年)。これは基本的な参考文献だと自負していますが、一五年経ってみると、不備の方が目にみえ始めました。Website などによる続編を作製していただければよいと願っています。

(4) シドニーでは、日・韓両国国内委員会の共同提案に基づく「教科書」部会が開かれ、韓国・日本・ドイツ・カナダ・オーストラリア・ウクライナ・イタリアから報告者やコメンテーターがでて、聴衆三〇〇名を集める盛会でした。詳しい報告は、日本の『歴史学研究』の二〇〇六年六月号参照。

(5) 『社会主義インターナショナルの群像』(岩波書店、二〇〇七年)。

(6) 比較史・比較歴史教育研究会編『自国史と世界史――歴史教育の国際化を求めて』(未来社、一九八五年)、同編『共同討議　日本・中国・韓国――自国史と世界史』(ほるぷ出版、一九八五年)、同編『アジアの「近代」と歴史教育――続・自国史と世界史』(未来社、一九九一年)、同編『黒船と日清戦争』(未来社、一九九六年)、同編『帝国主義の時代と現在』(未来社、二〇〇二年)。西ドイツ＝ポーランドの教科書会議については、西川正雄編『自国史を越えた歴史教育』（未来社、一九九二年）。専門研究として、近藤孝弘『ドイツ現代史と国際教科書改善』（名古屋大学出版会、一九九三年）。

（7）そのセミナーの日本語による記録は、西川編『自国史を越えた歴史教育』第Ⅰ部。

国際化の風が、嫌がるわたしの背中を押した

［第五回——一（二〇〇六年）］

樺山紘一

1　西洋中世史家として

お断りするまでもなく、わたしはしがない一歴史家です。極東の一郭である日本で、西洋中世・ルネサンス史を研究するという論理的かつ技術上の難題をかかえ、しかもあらましは世間を驚かすような成果をのこすこともない、平凡な歴史家にすぎません。そうした経歴を前提にしながら、いかにしてこの国際化する世界のなかで、世界史を対象として、悪戦苦闘してきたかを述懐させていただくことを、身にあまる光栄と承知しております。

わたしが、東京大学の大学院生として学問の道をあゆみはじめたのは、一九六五年のことでし

た。その前年に、日本では為替の自由化が実現しました。外貨の購入や支払いが可能になり、自費による留学は夢のまた夢としても、自前で外国書籍の購入やマイクロフィルムの注文・入手ができるようになりました。その恩恵をこうむることができる第一世代だといってもよいでしょう。それまでも、欧米諸国からの留学生招聘による、外国の大学における研修はかなり定着していましたが、為替自由化は外にむけた扉をおおきく開くことになりました。わたし自身は、一九六〇年代後半の諸事情から、ついに公式の外国留学のチャンスをとらえることができませんでしたが、心理的には孤立感をうながされることはなかったのです。

西洋中世史家としては、いくらかの不自由をしのびつつも、欧米の文献を講読することができましたし、また入手不能な古文献をマイクロフィルム・コピーによって入手することも、該当する外国の図書館の好意によって可能となりました。いく人かの欧米の研究者は、面識もない遠方のアジア人研究者に、書簡をもって助言や支援をあたえてくれました。その寛容さに、現在でもふかく感謝しています。こうして国内での研鑽の結果として、一九七六年に『ゴシック世界の思想像』(岩波書店)という論文集を刊行できました。むろん、これは若輩が怖いもの知らずにこねあげた習作にすぎません。欧米の学界の趨勢とか、その慣行といった現地状況について、周到な知識や情報をもたず、国内に完結した思考の結果というべきでしょうから。

しかし、あえて弁明と釈明をつけくわえますが、一九六〇年代までに日本国内において展開されてきた「戦後思想」や「戦後学問」の成果を受けつぐべく、貧弱ながらも真剣にとりくんだ結果であることは、間違いありません。それなしに、欧米学界に直接に触れることになったとすれば、いちじるしく異なった状況となったものと思われます。

2　比較史学にむけて開く

はじめて助手として研究・教育職についたのは、一九六九年のことでした。その京都大学人文科学研究所は、人文学を共同研究によって推進しようという、当時にあっては斬新な志向をもつ機関でした。桑原武夫、河野健二、会田雄次といった西洋学研究者をはじめ、日本・東洋にわたる分野での著名な学者がつどっていました。研究の遂行にあたっては、たんなる助手にすぎない若手にたいしても、過大といってもよいほどの自由と責任を託し、わたしとしては共同研究の妙味をおおいに味わわせていただきました。

しかし、より重要なことには、そこに集結した機関内外の人びとが、世界の諸文明についての広範な知識と関心を共有し、日本についても、また西洋についても、著しく相対的な態度を堅持していたことでした。西洋は、日本人の研究営為にとって絶対的な位置をしめるわけではなく、また社会・文化的な営みにあってすら、相対的模式を提示するものにすぎないとみなしたのです。むしろ、ユーラシア大陸における諸文明は、あらかじめ進路を決定された近代化や普遍化の道程のうえではなく、人類史としての広大な図式のなかでのみ、その地位を指定されるにすぎません。むろん、アフリカやラテン・アメリカをふくむ諸大陸の文明も、その一環をなして討究の対象とされると。

ほとんど全世界を包含するかたちでの歴史研究は、当時から注目をあつめた梅棹忠夫氏※の「文明の生態史観」を求心力のよりどころのひとつとし、微妙な差異をふくみつつも、多数の研究者を糾合して、つづけられていました。わたしをふくむ西洋学研究者も、まずはヨーロッパを研究の対象ととらえながらも、多様な視角からの比較のもとに論定したいと考えました。たとえば、担当した共同研究に「異端運動の研究」があります。この研究班は、さしあたりはヨーロッパ中世における異端をおもな主題として発足しました。しかし、ただちに「異端」とは歴史上は、あらゆる宗教社会において普遍的にみいだされることが想起されました。イスラーム世界や日本にあっても、また中国にあっても、「異端」という歴史事象を指摘することができるでしょう。様相においてはいちじるしく多様なそれらの事象を、相互に比較することによって、異端の種差をあきらかにするとともに、ひるがえって「正統」のありかたを炙りだすこともできましょう。

わたし個人としては、同研究所に在籍した六年半のあいだに、いくつかの共同研究において比較研究の試みに参加することができました。たとえば、日本近世の終末期における文化史を、できるだけ比較の相のもとに解明しようとする「化政文化の研究」や「幕末文化の研究」。あるいは、「プルードン研究」や「フランス第二帝政の研究」などです。これらにあっては、狭義の専門家とやや周辺に属する研究者がつどい、相互の刺激のもとで、従来の視点をもできるだけ相対化しようとしました。むろん、その成否については見解もわかれますが、当時の日本学界に相当なメッセージを発したことは否定できないでしょう。

3　カタロニアへの眼

個人的な小旅行をべつにして、公務としての外国滞在の最初の機会は、一九七二年に訪れました。いくらか晩生というべきでしょうか。相手国からの招聘による留学ではなく、所属していた京都大学人文科学研究所の「海外調査」の一環としての滞在でした。この調査プロジェクトは梅棹忠夫氏を主導者として開始され、一九六七年と六九年に第一次、第二次、一九七一年に第三次が派遣されました。

この調査は、さまざまな意味で画期的と批評されました。ひとつには、外国調査の対象が、それまでの常識であったアジア・アフリカなどの部族社会ではなく、端的にヨーロッパ社会であった点です。梅棹氏の説明によれば、人類学あるいは社会学による調査は、「日本よりも近代化のおくれた」社会を対象にしてきたが、今回についてはまったく正反対に、先進国とされる国ぐにの、しかも首都とはことなる社会が対象となる、ということでした。なにも、先進国を調査するまでもない、それは留学による文化受容の親元であるとするのが、当時の常識であったにもかかわらず。三次にわたったヨーロッパ現地調査は、しかも人類学者や社会学者だけではなく、フランス文学・経済史学・政治学・西洋史学など、人文科学研究所の陣営を総動員するかたちですすめられました。

あくまでも、現在における社会調査を主眼としているために、いずれの分野についても現代的関心を先行させることになりました。その調査報告は、機関の公式報告やいくつかの著作となって出版されました。準備の都合などもあって、すべてが想定のとおりに進行したわけではないとはいえ、むしろ派遣された中堅や若手の研究者にとっては、そこでの現地体験がのちの研究歴にとって、たとえようもなく貴重なものであったことは、それぞれの機会に報告されているとおりです。

討議のすえわたしにあたえられた地域と主題は、スペインのカタロニア地方の社会変動でした。準備はといえば、学生時代に好奇心から学びはじめたスペイン語と、そしてスペイン内戦にかんするごく初歩的な文献知識だけでした。一九七二年夏から翌七三年一月まで、七か月にわたる滞在は、主都バルセロナと近郊農村とにあてられました。フランコ時代末期にあるスペインは、いまだ高度経済成長の段階にいたっていませんでしたが、国内では先進地域にあるカタロニアでは、すでに人口流動や農・工業の構造的な変動がはじまっていました。このことが、地中海世界に位置するカタロニアの地域的アイデンティティをも刺激して、巨大な変容を予期させるものがありました。中世史家としてのわたしにとっても、このことは歴史的思考を促すものでした。ただし、当時にあってもバルセロナ大学経済学部において、すでに開始されていた独特の比較経済史研究について、十分の知識や認識をもたぬままでした。そこでは、ビセンス・ビベスをリーダーとし、諸外国との有為な交流によって、スペインとカタロニアの歴史的位置を評定する研究動向が、息づきつつあったのですが。

いずれにせよ、地域としてのカタロニアを対象として、その歴史と文化を理解しようとする作業は、さらに二度にわたるカタロニア調査によって、いちおうは形をととのえることになりました。『カタロニアへの眼』（一九七九年）は、その報告書です。梅棹氏のアイディアに、ある程度はこたえることになり、くわえてたがいに距離をおく日本とカタロニアとのあいだに、さまざまな比較の視点が可能であることも教えられました。京都大学の調査は、それをもって収束しましたが、のちにおなじ手法で、南米のアンデス高原において調査を実施する機会をあたえられました。

4　ジャック・ル＝ゴフとの出会い

一九七六年九月に、フランス政府の派遣により実現した歴史家ジャック・ル＝ゴフ氏の訪日は、日本におけるヨーロッパ史研究にとって、大きな衝撃となりました。日仏会館でおこなわれた講演は、「歴史学と民族学の現在――歴史学はどこへ行くか」と題していましたが、そこでは従来の制度史・政治史的な理解とはことなり、人類学にも関連をもとめた、社会史的な視野について、新鮮な提言が伝えられました。いうまでもなく、ル＝ゴフ氏は当時のフランスにおける「アナール派*」のリーダーのひとりであり、それについての周到な解説がくわえられたものでした。この講演録は、かねてル＝ゴフ氏と昵懇だった二宮宏之氏によって翻訳され、また著名な人類学者・山口昌男氏による挑発的な解説もくわえられて、歴史家の範囲をこえた広い反響がよせられました。

いうまでもないことですが、いわゆるアナール派は、マルク・ブロックとリュシアン・フェーヴルを始祖とし、ことに第二次世界大戦の直後になって、はっきりとした形をとることになりました。パリの高等研究実技学院第六部門を拠点とし、その第二・第三世代というべき歴史家が、『アナール』誌に依拠し、明白な主張をもつグループとして、大胆な活動を開始していました。アメリカのロックフェラー財団の支援もあり、フェルナン・ブローデルを頭目とし、ル＝ゴフ氏やル＝ロワ・ラデュリ氏など、働きざかりの学者によって、国際的にも巨大な運動に結実していきました。社会科学高等研究院として独立したのは、一九七五年のことです。

しかしながら、日本のヨーロッパ史研究者にあっては、かの二宮氏をのぞいては、ほとんど接触の機会をもたず、国内学界において話題になることもすくなかったのです。多分に、社会経済史学がマルクス主義の影響下にあり、また正統史学は政治史に集中していたので、それらの相対化をめざすアナール派については冷淡であったことが、理由としてあげられましょう。一九七六年のル゠ゴフ・ショックは、その面からみれば、いかにも遅ればせでした。しかしながら、そののちの日本にあっては、アナール派周辺の歴史家にたいする関心は急速にたかまり、多数の翻訳書によって、紹介と理解がすすみました。このあまりに急激な力点移動については、批判もありうるでしょう。

わたし個人にしてみれば、その訪日にあってル゠ゴフ氏の面識をたまわり、そこから受けとった刺激は、きわめて大きなものがありました。自身では、アナール派の歴史家であるとは自負しませんが、その刺激は留学においてうけるであろう恩恵をはるかにこえていました。ル゠ゴフ氏によって代表されるフランス歴史学の伝統と未来への挑戦にかんして、深い尊敬を刻印されたのです。アナール派とは、ひとつの学問的方法の表意ですが、それにもまして、国際的にも認知されたフランス人歴史家集団の実体をも意味していると信じています。

5　CISHへの関わり

一九九五年八月、第一八回の国際歴史学会議（CISH）の大会が、カナダのモントリオールで開催されました。その大会における円卓セッションのひとつとして、「歴史学雑誌の現在と未来」が実施されました。『アメリカ歴史学雑誌（American Historical Review）』が主催団体となり、世界中の主要な一〇の学術雑誌の編集者を招聘して、歴史学雑誌のありかたを討議するものでした。当時、わたしは日本の学術誌『史学雑誌』の編集担当理事のひとりであったため、同誌の紹介をかねて報告をおこなうよう理事会から要請されました。

正直にいって、荷の重すぎる役目であり、気乗りがしませんでした。けれども実際の席上においては、従来まったく関心をしめしてこなかった学術上の問題について、あらたな考察をしいられることになりました。ちなみに、『史学雑誌』とその発行団体である史学会にとっても、ほとんど最初の経験でした。その履歴や発行部数、そしておそらくは専門度においては、世界的水準にある学術誌であるにしても、諸外国とのあいだの交流はほとんど視野にはいっていませんでした。そのシンポジウムでの討議は、わたし個人にとっては、たいへんな衝撃となりました。たしかに専門領域にあっては、ヨーロッパ諸国の研究者との交流はあったし、そこからの恩恵もただならぬものがあったわけですが、学術集団としての国際学会は、まったくといってよいほど念頭になかったのです。

国際歴史学会議は、一八九八年に準備会をひらいてのち、一九〇〇年のパリ大会で正式に創設されました。人文系学会のうちでも、もっとも古く、また継続して運営されてきた国際学会のひとつです。一九二六年に常設化され、大戦による空白をこえて、戦後にあっても精力的な活動をもって知られてきました。日本は、すでに両大戦間にあって新渡戸稲造氏が中核的な役割をはたしたのちは、大戦の余波もあって、ほとんど局外におかれていました。本格的に復帰したのは、一九六〇年のストックホルム大会においてです。それ以来、高橋幸八郎氏の尽力もあって、重要な地位をしめるようになりました。五年ごとに開催される大会にあっては、とくに日本をふくむアジア史学の研究者が、報告をおこなって参画をすすめてきました。モントリオール大会にあっては、わたしのほかにも、一〇名ほどの報告者と六〇名におよぶ一般参加者をかぞえたとみられます。

モントリオール大会で、かなりの数の知遇をえたからでしょうか、次回のオスロ大会において、わたしは会議の国際理事に指名されることになりました。率直にいって、まったく青天の霹靂でした。はるかに力のおよばない役務を託されることになったからです。会議の議長であったドイツ人ユルゲン・コッカ氏は、ことに会議の世界性（エキュメニカリズム）を強調し、わたしをふくむ二名のアジア人理事にたいして、多大な期待と支援を約束しました。それは、国際会議の長い歴史のなかで、ヨーロッパ人研究者があまりに重要な位置をしめすぎることへの反省をふくみ、ひいては「ヨーロッパ中心史観」の相対化を、大胆に推進しようというものでした。むろん、きわめて制約の多い条件のもとで、わたしたちの活動成果は、ごく限られたものでした。それにしても日本人歴史家としての責務を思うと、にわかに役務を拒絶できるわけのものではありませんでした。二〇〇五年のシドニー大会において、さらに五年間の責務の継続を託され、会議の副議長をつとめることになりました。

この機会にあって、日韓両国の多数の歴史家のみなさまに、国際歴史学会議にたいして、心からご支援とご指導をお願いする次第です。いうまでもなく、歴史学はグローバルな研究ネットワークのなかで、相互の批判や協調によって推進されねばなりません。研究テーマは、それぞれ別個の方向をむいているにしても、歴史家としての共通の意識と課題をかかげて、国際社会にたいして貢献の道を模索しなければならないのです。このことは、歴史学のみならず、およそ学問研究に従事するものとして、普遍の理法であると信じています。

6 近隣諸国の研究者とともに

すでに触れたとおり、わたしはヨーロッパ中世・ルネサンス史を専門とする歴史家です。その専門性のゆえに、ヨーロッパ人歴史家とのあいだで、対話の機会をあたえられ、その過程で日本の歴史についての理解を要求されるようにもなりました。かつて、京都大学に在籍していた当時の、比較史的視座をできるだけ維持し、発展させようと努力してきたつもりです。ことなった歴史的実体の比較や、研究者のあいだの対話は、けっして容易ではないことを実感しています。

しかし、このような事情に、あらたな展開がまっていました。国際歴史学会議の当事者として参加する以前から、わたしは大学の業務の命じるままに、韓国や中国の研究者とのあいだで共同作業をおこなうことになりました。歴史学をふくむ社会科学・人文科学の研究者のあいだで、いくつかの共同シンポジウムを実施するなかで、近隣諸国とのあいだでの、密接な連携が必須であることを、痛感させられました。おりしも、これら三国のあいだでの交流は急速にすすみ、旅行環境の改善もあって、きわめて頻繁に相互の往復が実現することになりました。ごく基礎的な段階であるとはいえ、韓国や中国の歴史や文化についての理解につとめることになり、歴史家としての相互理解の可能性にあらたな見通しがえられました。日韓歴史家会議が発足したことも喜ばしいことでした。

わたし個人についていえば、幼児期の二年あまり上海に暮らしたという親近感から、ことに中国には関心をもちつづけており、予想をこえた好機をあたえられたことに、心から感謝しています。東アジアの三国だけでなく、東南アジア諸国をもふくめた学術上の交流の可能性も成熟してきています。慎重に、しかし積極的に、これら近隣アジア諸国との学術上の連携を模索したいと願っています。

以上にみてきたように、日本の片隅でしがない歴史家として暮らしてきたわたしは、はからずも二〇世紀から二一世紀にかけての時代に、グローバル化という強風に背中をおされて、世界の研究者との連携に参加するはめになりました。ほとんどいつも、躊躇の末ばかりです。できることなならば、わたしよりもはるかに学術上の能力と、国際的な活動の経験をつんだ次代の歴史家のみなさんに、さらなる尽力をひたすら期待するものです。

（注記）二〇〇六年一一月に開催された日韓歴史家会議では、「歴史家の誕生」という標題にもかかわらず、個人的事情ではなく、もっぱら国際歴史学会議そのものの履歴についてお話ししました。その主題については、そののち『歴史家たちのユートピアへ――国際歴史学会議の百年』（刀水書房、二〇〇七年）として、公刊しました。ここでは、それとの重複を避けるために、あらためて個人的事情をもふくめてここに書きおろすことにしました。関係者の方がたのご理解をお願いします。

韓国近現代史晩学徒の研究遍歴

——甲午更張（一八九四年）から大韓民国建国（一九四八年）まで

［第五回——二（二〇〇六年）］

柳 永 益

私は、一九世紀半ばから二〇世紀半ばまでの約一〇〇年間の韓国近・現代史を専攻した一介の歴史専門家・歴史学者にすぎません。「国際歴史学会議韓国国内委員会」によって、過分にも韓国歴史学界を代表する「歴史家」として、この光栄な席に着かせていただいたことに対して恐縮しております。この場を借りて、私を韓国国内委員会を代表する講演者に選定してくださった車河淳委員長と委員の皆さまに深く感謝申し上げたいと思います。

私は、解放後の韓国の教育制度が生んだ第一世代の歴史学者のうちの一人です。私が歴史学者として最初に着手した研究課題は、一九世紀後半の韓日関係史でした。私は韓国で大学教育を終え、米国の大学院で韓国史を専攻して学位を取得した後、現地で教授として生活を始めたという点で大部分の韓国の歴史学者とは学問的な履歴を異にしています。こうしたいくつかの点において、私の韓国史研究に関する遍歴談は、この場に集う韓日の、とりわけ日本側の歴史学者にとって関心事となるであろうと考えます。

1 歴史に対する関心の発端

私がどんな人間になるのかについて初めて深く考えたのは、小学五年生の時だったと記憶しています。その時まで私は、最も尊敬する人物として米国の発明王トマス・エジソンを挙げていましたが、ある時、通っていた田舎の小学校の担任の先生が、級友たちの前で私の頭をなでながら、「君はいずれ物理学を勉強してノーベル賞を取り、韓国の名声を高めなさい」とおっしゃいました。この言葉に刺激されて、私は一時、世界的な物理学者になる夢をもったのです。

ところが、中学校に入学した後、私の考えには大きな変化が訪れました。そうなった要因の一つは、私が入学した仁川中学校の吉瑛羲《キルヨンヒ》という校長の感化であり、もう一つの要因は、中学二年生の時に勃発した朝鮮戦争でした。吉瑛羲先生は広島高等師範学校の歴史・地理学科を優秀な成績で卒業した教育者で、毎週の朝会で東・西洋の故事、特に司馬遷の『史記』列伝に登場する人物に関する逸話を用いて訓話をしてくださったのですが、その話がとても面白くて感動的だったので、私はおのずと歴史に関心をもつようになりました。吉先生は三・一運動のとき、京城医学専門学校の学生として反日デモを主導して六か月の獄中生活を送った愛国の士だったので、私淑する島山・安昌浩《アンチャンホ》※や南岡・李昇薫《イスンフン》※にする話もたくさんしてくださいました。一言で言うなら、私は吉先生の薫陶のもとで民族主義者となり、歴史を見る目を培ったのです。しかし、吉先生の影響で歴史学者の道に進んだわけではありません。

一九五〇年六月に勃発した朝鮮戦争は、いろいろな面で私の人生観と世界観を変えてしまった大事件でした。戦争勃発当時、仁川近郊に住んでいた私は、北朝鮮人民軍の治下で、三か月間暗鬱で空腹な生活を送りながら、共産主義の理論と実際には大きな差があるということを悟りました。九月一五日に敢行されたマッカーサー将軍の仁川上陸作戦と前後して、米海軍と空軍が仁川地域に艦砲射撃と空爆を行っている時、私は防空壕の中に身を潜めて、なぜ韓国でこうした凄惨な戦争が起こったのか知りたくなり、いつかこの問題の答えを見つけ出そうと心に決めました。一〇月末に中共軍が戦争に介入すると、私たち家族は釜山の東萊《トンネ》に避難し、臨時陸軍病院となった東萊のある女子高等学校の隣で避難生活を送りました。そのとき私は、病院周辺に収容された国民防衛軍「志願兵」が、李承晩※政府の腐敗と無能のために訓練もろくに受けられないまま病死し、その死体が毎日七、八体病院の外に移送される光景を見て、内心強く憤慨しました。このことはそれまでの私の人生においてもっとも大きな衝撃でした。これを契機に、私はわが国の民衆がいい暮らしができるようにするには、将来物理学者になるのではなく、政治家になって「腐りきった」政治を正さなければならないと考えました。その頃から私は東洋・西洋の偉人伝や人文学系統の本を読みふけりました。戦争終了後、高等学校に入学した私は、日帝末期*に日本人教師に習った初歩的な日本語をもとに独学で日本語の本を読みました。そのとき偶然に古書店で購入した河合栄治郎※の『学生と読書』という本は、高校時代の読書の良い手引きとなりました。

ソウルで高等学校を卒業した後、私は政治家になるという夢を達成するためにソウル大学校文理科大学政治学科に入学しました。ソウル大政治学科は政治家を目指す韓国の多くの学生のあこがれの学び舎でしたが、私はそこで実のある教育を受けることができませんでした。なによりもそこで尊敬できる教授や魅力ある講座を見つけることができず、学問に対する関心と意欲を失ったのです。そこで選択した教養科目の中に「国史」が含まれていましたが、これは私にとってもっとも興味のない科目でした。こうして学校の勉強に関心がないうえに、そのころ家庭の経済状況が悪化してしまい、自分で授業料を準備しなければならない状態だったため、アルバイトに東奔西走して時間がとられ、学校の勉強をおろそかにしてしまいました。このような状況で、私は英国の民主社会主義——いわゆる「フェビアン社会主義*」——を研究する「新進会」というサークルに入り、会員たちと社会主義関連の本を読んで議論しあうことで、大学でのやりがいを探そうとしました。のちに新進会が自由党政権によって不法団体とみなされ、会員のうちの過激分子が警察に拘束される事態になると、私は持っていた「不穏文書」をすべて焼き払い、軍に入隊して逮捕を免れました。学校に籍を置いたまま入隊した私は、三か月間、論山訓練所で基礎軍事訓練を終え、ソウル近郊の水色《スセク》にある国防研究院翻訳課に配属されました。そこで約一年間、米国の陸軍大学ならびに参謀学校で書かれた軍事学の教材を韓国語に翻訳する仕事をして、除隊を迎えたのです。

兵役を終えて大学に復帰した私は、卒業を控える学生として就職問題で悩んだ挙げ句、留学を考えるようになりました。ある日、ソウル大文理大キャンパスの掲示板に米国のブランダイス大学で「ウィーン国際奨学金」という全額奨学金を与えて学生を募集する広告を見て、文教部が主管する選考を受けました。幸いにも私はこの試験に合格し、一九六〇年夏、そのときまで否定的に認識していた米国に留学しました。米国に発つ約二か月前にソウルで四・一九学生革命*が発生しましたが、私は既に大学を卒業していたのでデモを主導することはできませんでした。そのかわりにデモをする人々の後をついてまわって激励しました。また、仁川に行って自分の後輩にあたる中高生たちを集めて反政府デモに参加するようにと扇動演説を行いました。

米国に赴くとき、私は将来政治家になるという夢を依然としてもっていました。しかし、米国の大学では経済学、その中でも特に農業経済学を専攻して、韓国の「哀れな」農民の生活水準を向上させられる経済専門家の資格証（博士学位）を取得したいと考えました。ところが実際にブランダイス大学に来てみると、設立されて一〇年しか経っていない新設大学だったので、経済学科がありませんでした。仕方なく常日頃から関心のあった西洋知性史ならびに社会学の科目を選択して、全額奨学金に必要な単位を修得しました。

ブランダイス大学で西洋知性史と社会学の科目を選択して勉強する過程で、私は世界的に有名な碩学——例えば、その当時米国の左派運動の旗手であった政治思想家マルクーゼ*教授、一八世紀ヨーロッパ知性史の権威マニュエル*教授、そして米国社会学会会長コーザー*教授など——の名講義を幸運にも聴くことができました。これを契機として、私は生まれて初めて学問がどんなに高尚なものであるかを悟り、学者を心の底から尊敬するようになったのです。学問と学者に対する認識がこのように変化すると、私は必死に勉強して全額奨学金を維持できるほどの単位も取得しました。こうして私はその時まで政治家になろうとしていた「稚拙な」夢を捨て、立派な学者になって、人類、特に韓民族に奉仕することがむしろ望ましいことであると考えるようになりました。いったん学者になろうと決心した私は、どの分野の学者になることが自分の背景や適性に合い、韓民族にも役に立つのかを真剣に考えざるを得なくなりました。熟考の末、私は分不相応にも韓国史を専攻してその分野の専門家になることが、私にとって最も意味があり、また職業としても有利であろうと判断しました。その時私は満二六歳でした。

私がわざわざ米国で遅れて韓国史を専攻することに決めたのには、特別な事情がありました。ブランダイス大学にやって来て一年後の一学期に、私は「宗教社会学」ゼミを選択して、生まれて初めて「論文」というものを書くことになりましたが、その際どんなテーマで書こうかと悩んだ末に、一八六〇年に崔済愚*が唱道した東学に関して書くことにしたのです。私が選りによって東学を最初の論文のテーマに選んだ理由は、それが韓国固有の宗教で、韓国人のアイデンティティを代弁する倫理体系であることを知っていたからです（そして、東学が韓国史上最大の民乱である東学農民蜂起の思想的背景になる点も考慮しました）。当時、私は米国の多民族文明にさらされて深刻なカルチャーショックを体験していたため、東学についての研究が私のアイデンティティの確認にも役に立つものと期待していました。ともかく、私は東学関連の論文を作成するために、ブランダイス大学から自動車で約四〇分かかる距離に位置するハーヴァード大学の東洋学図書館（ハーヴァード燕京《イェンチン》図書館。一九二八年に創設された東アジア研究を中心とする図書館）を訪れて、そこに所蔵されていた東学の基本史料である『東経大全』ならびに『龍潭遺詞』と東学関連の二次資料を全て借りて徹底的に読みました。その過程で私は、その時まで韓国の歴史概説書や大学での講義を通じて韓国が誇れる文化遺産として学んだ東学の経典が、キリスト教の聖書や、儒教、仏教の経典に比べて質的にも量的にも貧弱なことに大きく失望しました。それよりもさらに私を失望させたのは、東学を扱ったそれまでの学者の論文や著書が、『東経大全』や『龍潭遺詞』の内容を自身の都合の良いように過大評価して、それによって事実上東学の本質を歪曲しているという点でした。このことは私にとって衝撃的な知的発見でした。私はそのときまで本当に信じていた著名な国内学者の著述は信頼できないと感じて、そのような業績を残した学者に対して不信感ないし背信感を抱き、そういうことになった原因は韓国で近代的な歴史学がまともに発達しなかったためであると考えたのです。その後、私はハーヴァード燕京図書館に所蔵されている韓国史関連の書籍を全般的に読み漁りながら、韓国の人文学研究の伝統に対する私の判断が正しいのか間違っているのかを確認しようとしました。その結果、私が得た結論は、韓国人は、米国やヨーロッパの先進国はもちろん中国、日本などの隣国の国民に比べて、昔から自国の歴史を等閑視してろくに研究してこなかったということでした。私は、これが過去に朝鮮王朝が衰亡した根本原因であり、さらに現代韓国が悲劇として綴られた歴史を繰り返さざるをえなかった根本原因であると考えました。こう考えることによって、私は、韓国史を専攻し、そのなかでも特に現代史をしっかりと研究・叙述することが、韓民族のために自分ができる最も価値のあることと確信したのです。

2　韓国近代史の研究に着手——甲午更張研究

東学研究を契機として韓国史を研究することにした私は、米国内で東洋学のメッカとして知られるハーヴァード大学の東アジア学科への入学を急ぎました。当時、ハーヴァード大学の東洋学分野で最も影響力のある学者は、中国近代史の大家としてハーヴァード大学附設「東アジア研究所」の所長職に在ったフェアバンク※教授でした。私は勇気を出して東アジア研究所に赴いてフェアバンク教授に面会し、韓国現代史を「開拓」したいのでハーヴァード大学人文大学院に入学させてほしいと要請しました。フェアバンク教授は、私がブランダイス大学で誰からどんな科目を履修したのかを尋ねた後、私に教えた教授から推薦状をもらってくるようにと答えられました。私はブランダイス大学に戻り、もう一度勇気を出して、以前ハーヴァード大学の教授であったマニュエル教授とマルクーゼ教授に推薦書をお願いしました。お二人は、私の学問的実力を高く評価してというよりも、私の燃えるような学究熱を考慮してくださったのか、快く推薦書を準備すると約束してくださいました。結果的に私は、米国に留学して二年でブランダイス大学を離れてハーヴァード大学の人文大学院に移り、そこで東洋学、その中でも特に韓国史を専攻することになったのです。

ハーヴァード大学に入学後、私は韓国現代史を開拓する目的で、中国近代史と日本近代史関連の科目を多く選択して勉強しました。そして、合間に現代中国語と漢文も選択して、中国文献を読破するために必要な語学力を養成しました。当時、ハーヴァード大学で韓国史を教える教授はただ一人、すなわちワーグナー※教授がおられましたが、教授は朝鮮時代の族譜＊研究の大家で、大学では主に族譜関連の講義、ゼミを開設していらっしゃいました。私は族譜に関心がなかったので教授の授業は選択しませんでした。しかし、教授はのちに博士学位論文を作成する段階で指導教授を担当してくださいました。

ハーヴァード大学人文大学院の博士課程を修了するのに必要な単位の履修を終え、総合試験に合格した直後、私は「伊藤博文と統監府の成立」という題目で博士学位論文を書く計画を立てました。私がこのテーマを選んだ理由は、韓国現代史を本格的に開拓するためには日帝植民地史を扱わざるをえないし、それならば統監府時代の歴史から穿鑿することが正しいと判断したためでした。私はこの論文の作成に必要な資料の収集のために、一年間韓国に帰って、ソウルの主要な図書館に所蔵されている統監府関連の資料を発掘・調査して目録を作り、「伊藤博文と統監府の成立」という題目の（英文）論文の草稿を脱稿しました。私はこうした成果をソウルを訪問したワーグナー教授に提出してコメントをお願いしましたが、族譜研究に打ち込んでいたワーグナー教授は、私が提出した目録と原稿にすぐに関心を示しませんでした。私は米国に戻ってワーグナー教授のコメントを引き続き待ちながら、一九〇五年以前の韓日関係史を追跡しました。その過程で、私は「乙巳保護条約」（第二次日韓協約）が締結される一〇年前に、すでに朝鮮は日本の保護国に転落する危機に直面していたという事実をつきとめました。この事実を知ってから、私は論文の対象時期を一〇年遡り、テーマも一八九四年の甲午更張に変更したのです。

甲午更張とは、日清戦争の期間に日本が朝鮮を強占した状態で、日本政府が韓国人改革派官僚を糾合・動員して推進した日本を模範とした制度改革運動でした。この改革運動は通常韓国近代化の起点として知られています。ところが、日清戦争は甲午（一八九四）年春に起こった東学農民蜂起によって触発されたため、甲午更張を研究するためには東学農民蜂起から考察しなければなりませんでした。つまり、私は甲午更張を叙述するために東学農民蜂起や日清戦争を合わせて研究しなければならなかったのです。甲午更張を研究する中で、私は『日本外交文書』を最も多く活用しましたが、その内容が朝鮮を含む他の国の外交文書に比べて、豊富で詳細なのに驚きました。そして、東学農民蜂起、日清戦争、甲午更張に関して日本人学者が既に解放前にかなり多くの研究を蓄積していたことに気づき、驚嘆を禁じえませんでした。特に、私は、京城帝国大学の教授であった田保橋潔※が一九四〇年に出版した『近代日鮮関係の研究』（上、下）という、この方面の記念碑的著作を読破し、同時代の韓国の歴史学者の中で氏に匹敵する業績を残した人物がいなかったことを大変残念に思いました。私は、田保橋教授が実証主義的方法論に立脚して日清戦争前後の日本の対韓政策を比較的徹底的に研究したものの、日本政府の帝国主義的侵略を糊塗し、甲午更張に参与した朝鮮人改革官僚の思想や行動をほとんど無視していると考えました。私は、田保橋教授が研究した時期の問題について検討したのですが、研究の焦点を朝鮮側に置いて日本の対韓政策に批判的に接近し、東学農民蜂起や甲午更張に参与した朝鮮人指導者の思想と行動を集中的に明らかにしました。そうすることによって田保橋教授の研究水準を凌駕する独創的な研究を生み出そうと努力したわけです。甲午更張についての私の研究は、一九七〇年、ハーヴァード大学人文大学院に提出した「甲午更張――朝鮮と日本の改革努力」（The Kabo Reform Movement : Korean and Japanese Reform Efforts in Korea, 1894）というテーマの博士学位論文で一段落しました。

こうして私は米国に留学して一〇年、そしてハーヴァード大学で東洋学研究に没頭して八年で博士学位論文を脱稿したのです。この学位論文は指導教授のワーグナー教授の特殊事情により二年間審査が遅延し、一九七二年になって学位を授与されました。私の学位論文が完成するまでにこれほど時間がかかったのは、私が東洋学という学問に遅くに入門したこともありますが、それに劣らず、私が米国でおそらく最初に韓国近代史に関する論文を書く韓国人学者として拙作を残したくないと考え、意図的に時間を引き延ばしたためでもあります。学位論文を準備し、執筆する間、「ハーヴァード燕京研究所」は、私に引き続き全額奨学金を支援してくださいましたが、これが私の遅延作戦を可能にしてくれました。

私は一九七〇年にヒューストン大学の歴史学科インストラクターとして就職した後、助手、助教授に昇進して、七九年までの九年間、中国と日本の近代史を教えました（七六年に助教授に昇進する際、私はヒューストン大学でテニュアを取得しました）。ヒューストン大学で東洋史を教えながら、私は甲午更張に関連する研究を続け、学位論文を修正・補足しました。その結果、七九年、帰国を前後して七本の英文論文を韓国学分野の国内・外の学術誌に発表することができました。

一九七九年に帰国した私は、高麗大学校人文大学史学科教授として、そこで初めて韓国現代史を開設して教えながら、韓国語で甲午更張に関する論文を執筆・発表しました。そのうちの一部は既に英文で発表した論文を翻訳したものでしたが、大部分は新たに書いたものでした。私はこの韓国語論文を集めて『甲午更張研究』(一九九〇年)と『東学農民蜂起と甲午更張』(一九九八年)という二冊の単行本を出版しました。そのうち『甲午更張研究』は、私が高麗大学校で教えた秋月望教授と広瀬貞三教授によって日本語に翻訳され、二〇〇〇年に『日清戦争期の韓国改革運動――甲午更張研究』というタイトルで法政大学出版局から出版されています。

3 韓国現代史に挑戦――李承晩研究

以上のように、私は一九六〇年代初めから約三〇年間甲午更張研究に専念しました。このように一九世紀後半の韓国史研究に没頭していた私に、一九九四年の年初のある日に重要な事件が起こりました。その日、大韓民国初代大統領李承晩博士の養子の李仁秀博士が自宅(梨花荘)に私を招待し、そこに秘蔵されていた李承晩文書を見せながら、それらを整理してほしいと要請したのです。その日、私は初めて梨花荘に所蔵されている李承晩の英文日記、「ハーヴァードアルバム」(写真帖)、草書で書かれた漢文簡札、そしてタイプされた英文の書翰文などを見て、その資料の質と量に驚きました。私は、それらの文書が韓国現代史研究において重要なかぎとなる国宝級の資料であると直感しました。私は韓国の歴史学者として、「建国大統領」の文書を自分の手でじかに扱うことは大変な名誉であると考えました。同時にその資料を整理・研究して「独裁者」という烙印を捺された李承晩が、はたして実際にどんな人物であったのかを確認したいと思いました。ともかく、私はその日、李仁秀博士の要請をその場で受け入れたのです。次の日、私は春川に行って在職していた翰林大学校に大学院長職の辞退書を提出して研究年を申請しました。幸いにも、翰林大学校当局は私の要請を受け入れて、大学院長職の辞退と九五年二学期から一年間の研究年を許可してくれました。それ以降、私は九四年から現在に至る一二年間、李承晩文書の整理と内容分析にかかわることになったのです。

長い間一九世紀の韓国研究に専念してきた私が、突然研究方向を変えて李承晩研究に没頭することになったのには、李承晩文書に対する好奇心や建国大統領の文書を自分の手で扱うという功名心といった感傷的な理由のほかに、もう少し重要な学問的動機が作用していました。

第一に、私は前に何度も示唆したように、米国留学以前に李承晩大統領を腐敗した無能な「独裁者」と考えていました。そんな私がハーヴァード大学で中国と日本の近代史ならびに一九世紀末の朝鮮の歴史を深く把握する過程で、李承晩に対する評価を変えることになりました。私がハーヴァード燕京図書館に所蔵されている李承晩の処女作『独立精神』(一九一〇年)を精読したことが最初のきっかけです。私はその本を読み、それが一九世紀末から二〇世紀初めにかけて韓国人が著した書物の白眉であると考えました。その後、私は、李承晩が一九〇五年から一〇年まで米国に留学し、ジョージ・ワシントン大学、ハーヴァード大学、そしてプリンストン大学という三つの名門大学でそれぞれ学士・修士・博士学位を五年以内に取得した事実を知り、李承晩の類まれな能力を高く評価するようになりました。そして、李承晩が長い間独立運動に身を投じた末に、日帝の植民地統治から解放されたばかりでいろいろな面において脆弱で混乱しきった状況で、大韓民国という近代国家を建設したことを歴史上まれに見る業績であると評価するようになったのです。

第二に、私はブランダイス大学からハーヴァード大学へ移る際に抱いた、韓国現代史を「開拓」するという抱負を忘れず、初心に忠実でありたいと思っていました。すなわち、私はいつか甲午更張関連研究を終えて、二〇世紀の韓国史研究に着手したいと考えていたのです。私は「旧韓末」の歴史を研究しながら、当時の韓国の状況がさまざまな面で悲惨極まりなかったという事実を知ったために、そんなに不幸な歴史を生涯、職業として扱うのかについては懐疑もしくは慙愧の念を抱いていました。したがって、私は機会が与えられたならもう少し堂々として誇らしいテーマを選んで韓国史を研究したいと思っており、李承晩研究がこうした私の深い内面的欲求を満たしてくれるものと期待したのです。

第三に、私は一九八〇年、カミングズ※教授の『朝鮮戦争の起源』（*The Origins of the Korean War*）の発刊をきっかけに、米国外交史学界で開発された、いわゆる「修正主義」史観が韓国に流入し、韓国知性界に反米・親北の論理が広がって、韓国現代史の研究者の間に大韓民国の正統性に懐疑を表明する学風が強く起り、修正主義流の外来思想が韓国知性界をいとも簡単に席巻してしまった根本要因は、解放以降、韓国の歴史学界が大韓民国建国史をしっかりと研究・整理しなかったためであると考えていました。したがって、私は大韓民国建国以来、だれも見向きもしなかった初代大統領の李承晩に関する研究を本格的に行って、李承晩の主導の下で建国された大韓民国のあり方を確認、もしくは否定する論議に対して韓国の歴史学者として一定の寄与をしたかったのです。

以上のような動機で李承晩研究に着手することになった私は、一九九四年五月、梨花荘構内に「雩南史料研究所」を設立し、李仁秀博士が私に渡した約一五万件の李承晩文書を複写・分類・整理する作業を開始しました。梨花荘で一年以上こうした作業をしてみると、李承晩文書を全て整理して編集・出版しようとすれば当初予想していたよりもはるかに多くの時間と人力、そして予算が必要なことがわかりました。そして、私はこのように困難な作業を完成させるには、職場を春川からソウルに移さなければならないと考えました。結局、私は一九九六年春、翰林大学校を離れて私に碩座教授職(1)をもちかけてきた延世大学校に職場を移しました。そして、翌年(一九九七)八月に三星グループの財政支援を受け、延世大学校に「現代韓国学研究所」を設立しました。私は同研究所の初代所長となり、李仁秀博士を説得して同年一一月に李承晩文書を「永久保存が可能な」延世大に移管しました。

延世大現代韓国学研究所の創立所長として、私は李承晩文書の整理・編纂・出版を研究所の最優先研究課題に設定し、雩南史料研究所で開始した作業を継続しました。その結果、現代韓国学研究所は、一九九八年に『雩南李承晩文書　東文篇』全一八巻を、二〇〇〇年に『雩南李承晩文書　電文篇』全四巻を、そして二〇〇一年に *The Syngman Rhee Presidential Papers, 1948-1960 : A Catalogue* を出版することができました。こうした作業の一環として現代韓国学研究所は、今年(二〇〇六年)冬に『李承晩東文書翰集』全三巻を発刊する予定です。

以上のような文書整理作業に並行して、私は研究所所長――二〇〇一年以降は「雩南文書編集委員長」――として二度、李承晩関連国際学術会議を開催した結果、二〇〇〇年に柳永益編『李承晩研究――独立運動と大韓民国建国』(延世大学校出版部)、そして二〇〇五年に柳永益編『李承晩大統領の再評価』(延世大学校出版部)を出版し、また、Chong-Sik Lee, *Syngman Rhee : The Prison Years of a Young Radical* (Seoul : Yonsei University Press, 2001)、Stephen Jin-Woo Kim, *Master of Manipulation : Syngman Rhee and the Seoul-Washington Alliance, 1953-1960* (Seoul : Yonsei University Press, 2001) ならびに *Syngman Rhee, the Spirit of Independence : A Primer of Korean Modernization and Reform*, translated, annotated, and with an Introduction by Han-kyo Kim (Honolulu : University of Hawaii Press and Seoul : The Institute of Modern Korean Studies, Yonsei University, 2001) といった書籍の出版を支援してきました。こうした研究所レベルの研究作業を進めながら、私は一九九六年に『李承晩の生涯

と夢――大統領になるまで』（中央日報社）と二〇〇二年に『若き日の李承晩――漢城監獄生活（一八八九―一九〇四年）と獄中雑記研究』（延世大学校出版部）という著書を出版し、また李承晩関連論文を発表しました。

4　おわりに

現在活動している韓国史専攻の外国人の中で、私はロンドン大学の韓国史担当教授で「ヨーロッパ韓国学学会」の会長職を歴任したドイヒラー博士を最も尊敬しています。私のハーヴァード同窓でもある教授は、*Confucian Gentlemen and Barbarian Envoys : The Opening of Korea, 1875–1885* (Seattle and London : University of Washington Press, 1977) や *The Confucian Transformation of Korea : A Study of Society and Ideology* (Cambridge, MA : Council on East Asian Studies, Harvard University, 1992) といった名著で世界的な名声を獲得しました。ところで、ドイヒラー教授は約一五年前の還暦の頃、私にソウルで会ったとき「韓国史研究がこんなに難しいことが［若い時に］わかっていたなら、私は決して韓国史を専攻しなかっただろう」と告白したことがあります。その言葉を聞いて私も同感だと答えました。韓国近・現代史研究に挑戦していつのまにか四四年が過ぎた今日、私はドイヒラー教授の愚痴のように、韓国史――その中でも特に韓国現代史――を研究・叙述するのがこの世の中で最も困難なことの一つであると考えています。この研究を満足に行うためには、外国語一つとっても漢文、英語、日本語、そしてロシア語といった数か国語を「正確に」解読できなくてはならないからです。

振り返ってみると、私が満二六歳でハーヴァード大学人文大学院に入学して韓国史研究を始めたことは、歴史家になる正常もしくは理想的な道ではありませんでした。一九六〇年代に韓国と私の家庭状況にもう少し余裕があり、また、韓国の高等教育のレベルがもう少し高かったなら、私は当時そのような無理をしなかったでしょう。一言で言えば、私が晩学で韓国現代史研究に飛び込んだのは、私が生まれた環境および私が育った時代の不運と密接な関係があります。ともかく、私は一九六二年に韓国現代史を開拓すると決心して以来、現在まで初志一貫して最善を尽くし、韓国現代史研究に専念してきました。その結果、今日この場で『歴史家の誕生』という主題で分にあまる講演までできるようになったのです。ここに至るまで、私と家族が私の学問研究と活動のために払った犠牲は非常に大きいものでした。しかし、私は韓国に生まれ、韓国現代史を研究することで微力ながら祖国に奉仕できたことに対し、私の運命を左右する神にただ感謝するばかりです。

私が韓国の歴史学者として成し遂げた業績は、非常に微々たるものにすぎません。しかし、私が歴史学界で認められるほどの学問的業績を達成することができたのは、何よりも一九六〇年から一〇年間、米国のブランダイス大学とハーヴァード大学で全額奨学金を受けて、すばらしい教授たちのもとで「完璧な」図書館を活用し、東洋史と韓国史研究に全力投球したからだと考えます。言い換えれば、私は、私が晩学でありながら米国で「歴史家」として「誕生」したのは、①韓国現代史を探究するという強い意志、②長期間にわたる十分な奨学金、③すばらしい教授たちの教え、④完璧な研究施設（図書館）という四つの条件が満たされたことによるものだと、考えています。そして、私はこの四条件こそが、時空を超えて、一人の「歴史家の誕生」に必要な最小限の要件であると考えるのです。

（1） 大学が寄付金などを財源として研究活動をするように迎え入れるすぐれた教授（編者注）。

農業史に進路を決めるまで

〔第六回―一（二〇〇七年）〕

金　容　燮

私は生涯、我が国の歴史、我が国の農業史を研究し、後進を指導して生きてきました。私がこのように生きることができたのは、私の研究主題に対する嗜好だけによるものではありません。それは、全くもって次のような二つの事情に由来しています。その一つは、私の成長期に、私が直接にその中で暮らしてきた我が国の農村、我が国の農民の余りに劣悪な状況が心に刻み込まれ、私をして後にこの問題を学問的・歴史的に扱わざるをえなくさせたということです。もう一つは、私の幼年・少年期という性格形成期の、父の息子への愛、息子への教育、息子に対する進路指導によるものです。当然、この二つの事情を総合して一つの学問の世界に導いてくれたのは、学校教育でした。

1　時局と私の家

私は、日帝*の朝鮮支配が農村の事情をさらに困難にする一九三〇年代に入った時分に、江原道の山村で生まれ、江原道と黄海道の農村のあちこちに頻繁に引越しをする中で成長しました。この頃は、地主制と日本資本主義の農村支配が絶頂に達する時分でした。地主制の拡大・強化は農民層の没落をもたらし、いたるところで小作争議と社会主義農民運動を発生させ、没落農民たちは満州へと、男は荷物を背負い、女は荷物を頭に載せるようにして、流亡していきました。

さらにこの頃には、日帝が軍事力で満州国を建て、中国本土を侵略するための中日戦争を敢行しました。続けて四〇年代に入ると、米・英を相手にする太平洋戦争を展開しました。それゆえ朝鮮は、日本帝国主義の侵略戦争遂行のための後方基地になったのであり、ここに日帝の朝鮮統治政策は一歩一歩戦時体制へと改編されていきました。

戦時体制の特徴は、政治・経済・社会思想などのあらゆる面で制約と統制を加えるものでした。日帝は朝鮮の言語・文字・歴史などの固有の文化を抹殺してその教育と研究を禁止し、姓を日本式に変えて日常的に日本語を使うようにさせ、学校の生徒たちには毎朝、大人たちには集会の時ごとに宮城遥拝をして皇国臣民の誓詞*を唱えさせることによって、朝鮮人の日本人化、朝鮮文化の日本文化化を強制し、日本帝国のための徴兵・徴用など、命を差し出すことをも要求しました。

私の家は頻繁に引越しをしましたが、これは父の職業のためでした。父は、青年期までは漢学を勉強しました。そして、はっきりとは言いませんでしたが、漢学塾の訓長は大変な仕事だと何度も話し、私に対する学習指導が体系的であったことから見て、青年期には一時訓長（漢学塾の教師）もしたようです。そうしているうち、一九二〇年代中盤からは、朝鮮式の家を建てる大工に仕事を換えました。しかし、農村で家を建てることは、そういつもあるものではないので、小作地を借りて兼業で農家もやりました。

母は、稲作を主とする水田地帯の規模が非常に大きい農家の娘でした。静かな人となりの母は、実家がそうだったように、土地を少し買って自作農として定着して暮らすのが望みでした。しかし父は、そうしませんでした。若い頃の父には、日帝下の鬱憤が、そのように一か所に止まって、安定だけを追い求めることを許さなかったのだと考えられます。

父の漢学の勉強は、経学・詩文よりは経世学・史書を多く読んだようです。孔子よりは孟子についてよく話し、周易についても折に触れて話しました。分別がつくようになって父の話を聞くと、そして今、その話を思い直してみると、父は世の中が移り行く道理をすっかり知っていたようです。この世は変わるのが道理であり、したがって国家も永遠ではありえないと言いました。しかし、国が滅びても、その民が魂を失わなければ、その国はその民によっていつかは新しい国家として再建されると言いました。

私は生まれた時から病弱で、生きる見込みがない子だったそうです。父の息子への愛と努力によって生きながらえはしましたが、しかし生まれつき虚弱な体質だったので、すっかり健康な少年になるのは難しかったのです。

2 父の教育指導

一九三〇年代の朝鮮の日本化の過程で、父の息子への教育には大原則がありました。この子が新教育を受けようとも、日本人になってはならず、朝鮮人として成長し、将来、朝鮮のために働くことができなければならないということでした。けれども、分別のついていない幼い子供を学校にだけ預けておけば、日本人化する恐れがあるので、まずは小学校に遣って勉強させるにしても、自分が朝鮮人であることを忘れないよう家庭で指導し、その後は世の中が移りゆく情勢を見て決めることにしました。

3 我々は誰なのか

私は学校教育を、小学校に入る前に、隣村のある青年が村の公会堂と小さな教会を借りて運営している子供教室に通うことから始めました。ある日、そこを見学に行き、窓枠にしがみついて、勉強しているのを覗き見し、父にそのことを話すと、父はしばらく考えた末に、行きたいなら行ってもよいと言いました。先生はやさしい人でした。私はこの教室が気に入り、毎日が楽しくなりました。

しかし、この教室は長く続きませんでした。大事件が起こったからです。ある日、警察の制服を着て刀を差した日本人巡査二人が、先生を捕まえに来ました。先生は巡査に少し待ってほしいと言い、家に行って正装をして帰って来ました。黒い学生服を着て角帽を被った大学生（あるいは専門学校の学生）でした。先生は堂々としていました。学生運動・愛国運動をしている学生だったのです。私は、その先生がこれまで見たこともないほど偉いと思いました。彼は、子供たちに「皆さん、一所懸命勉強して、立派な人にならなくてはなりません」と言い、手を颯爽と挙げて振りながら、巡査に連行されて行きました。子供たちは泣きました。私も涙が流れましたが、奥歯を噛み締めました。両の拳を握り、ぶるぶると震えました。「日本の巡査がなぜ⁉」。虚空に声を張り上げました。

この子供学校に通ったのはわずかな間でしたが、しかし、この時の衝撃は、私がこの世に生まれて初めて受けた大きな出来事でした。このことは、その後の私に「我々は誰なのか」を考えさせるきっかけになりました。分別を知らない子供から、少しは何かを考える子供にしてくれました。生涯を通じて、この時のことは決して忘れられません。

小学校の課程でも、「我々は誰なのか」を考えさせられることが何回かありました。太平洋戦争の真只中、日本はシンガポールを陥落させ、戦勝を自ら祝う意味で、そこから奪取したゴムで数十万（?）個のテニスボールを作り、小学生に一つずつ配りました。子供たちは大喜びで、私もゴムボールをもらって帰り、父にそのわけを話しました。

父は、学校で習っている地理の地図を持って来なさいと言い、日本・朝鮮はどこか、ドイツ・イタリアはどこか、そして満州・中国・アメリカ・ソ連はどこか、イギリスはどのくらい大きな国かを地図の上に指してみなさいと言いました。そして、しばらく沈黙が流れた後、ではこのちっぽけな日本が、この巨大な米・ソ・英・中国に勝てるだろうかと言いました。私は答えられませんでした。この途方もない巨大国家たちとの戦争で、日本は決して勝つことはできないだろうと思いました。そして、当然の帰結として、それなら「我々はどうなるのだろうか」ということが気がかりになりました。私は今や、「我々は誰なのか」とともに、「我々はどうなるのだろうか」を悩む子供になりました。

このほかに、父は朝鮮語の科目がなくなった時には、大人が読むハングルで書かれた小説の『三国志』を読ませることによって国文に馴染ませ、「我々は誰なのか」を忘れないようにし、体操の時間に新たに木剣術が導入された時には、「日本刀」を使わずに「特別剣」（朝鮮刀）を使わせることによって、我々の自信を失わないようにさせました。

4 父の適性検査——お前にはやるべきことがある

父は、私にまずは小学校教育だけ受けさせ、その次はその後に展開する情勢を見て決めることにしていたので、『三国志』を読むようにさせた時からは、この子が世に出たら何をすることができるだろうかと、私の将来の仕事の進路について適性検査をしました。父がかなえられなかった夢（学問、政治）を、子供を通じてかなえることはできないだろうかという期待も大きなものでした。父の適性検査は、四年生から六年生に至る間に、さまざまな方法で試みられました。

最初は、この子に乱世を潜り抜けることのできる政治家的な素質があるか、二番目は、大工・建築家になることのできる芸術的才能があるか、三番目は、農家をちゃんとできるかを検査しました。みな落第でした。四番目は、私が自分から頼みました。私は、「何にもできることがないんだな」と失望し、父に対して申しわけなく思いました。それで、何日か思案した末に、「僕が商売を習って巨商・大実業家になるのはどうでしょうか」と訊いてみた。父は大笑いをして、「お前、心配しているようだな。しかし心配することはない。お前の性格は商売や実業家には全く合っていない。お前にはやるべきことがある」と言いました。父は、それまでの試験とは関係なく、すでに私の適した職業への進路を把握していたようです。

父はこの時、その「やるべきこと」が何なのか言いませんでしたが、推し量るに、それはおそらくは学問の道ではなかったのだろうかと考えられます。それでも父は、「お前は学問をやれ」とは言いませんでした。父がこのことを言ったのは、それから七、八年経った後のことでした。父は長い間待ち、この子を学問の道に誘導して点検しました。これは学問へと向かう修練の過程でした。

5 見聞を広めて――我々は誰なのかの確認

その誘導は、何よりも見聞を広め、「我々は誰なのか」をさらに確認させることでした。このことは、二度ありました。

最初は、私が一九四三年四月(六年生の頃)、日本に学習旅行に行くことを許してくれたことでした。この時は、日本の朝鮮に対する日本化政策が強化されつつある時分でした。そして、こうした政策と関連し、これから育てて利用する小学生たちに、「聖地参拝」の名で日本国・日本文化を学習旅行させている時でした。昔の王子様(英親王垠※、日本では李王殿下と呼んでいました)も訪問することになっていました。父は、「聖地参拝」という名称が気に入りませんでしたが、見聞も広げ、王子様に深々とお辞儀して挨拶もして来なさいと言って許してくれました。

六十年余りが過ぎた今でも、この旅行で記憶にありありと残っていることがいくつかあるのですが、それは教科書で習った事実とは別途に、私が当時の日本を理解するための基礎となりました。その中でも、私は「我々は誰なのか」の疑問と関連し、そして父の言葉もあり、王子様のことが特に気にかかりました。疑問もなくはありませんでしたが、それでもこの方が昔の祖国の王子様であられることを願う気持ちが切実でした。少年たちは、王子様が何もおっしゃらなくても、手をぎゅっと握ってくださることを期待しました。しかし、そのような夢はかないませんでした。生徒一行が王子様の官邸に到着した時は王子様の昼食の時間であり、生徒たちは玄関で食事が終わるまで一時間くらい立って待たなくてはなりませんでした。そして、お目にかかった時間もった一分ほどでした。生徒たちが軍服姿の王子様に敬礼をするや、工子様は「わざわざ来てくれてありがとう」と日本語でおっしゃり、振り向いて行ってしまいました。生徒たちも引率の教師も、皆あっけにとられ、前に進んでお辞儀をする隙もありませんでした。先生と生徒たちは、複雑な気持ちを抱き、言葉もなくそこを出てきました。我々朝鮮人は限りなく小さくなり、地の下に、海の中に沈んでいく気分でした。私は、「我々は誰なのか」をめぐる冷厳な現実を身に染みて経験し、多くのことを考えるようになりました。いまさらのように、「国とは……、王とは……」と言っていた父の言葉を思い出しました。

二つめは、私が一九四四年の春、小学校を卒業し、父の教育計画に従って見聞を広める範囲を満州に拡大させたことです。父の言葉は、満州で少しでも暮らしてみれば、私が気にかかっている問題について、多くのことが聞けるだろうということでした。私が満州で定着した所は、長春

（当時の新京）でした。ここで、解放*されるまでの約一年間を過ごしましたが、その間に私は父の言葉どおり、朝鮮では知らずにいた多くのことを見聞きするようになりました。私は自活しなければならなかったので、職も探し、職業教育も受けねばなりませんでした。一つ二つの仕事をしてみた後、あるちっぽけな出版社で仕事をすることになりました。ここで私は、龍井から来た金先生に会い、その人からあれこれの話を聞くことができました。

金先生の話は、だいたい次のような内容でした。①我々が今暮らしている満州は、昔は我々の祖先が高句麗・古朝鮮を建設して暮らしていた所である、②日帝が我が国を侵略した後は、多くの愛国志士が満州を基地として独立運動・武装闘争をした、三・一運動の後にも海外での独立運動は、③上海―重慶に金九※・金奎植※、アメリカに李承晩※、④満州―ソ連に金日成※、延安に金料奉※らがおり、祖国の独立のために日帝と戦っている。そして、⑤朝鮮の中では、呂運亨※・安在鴻※・朴憲永※らが国権回復のために努力しているということでした。寡黙な人で、静かにぽつりぽつり念を押しながら話をしました。

私は、小学校時代にあれほどまでに気がかりだった問題が、すっと解けるようでした。「我々は誰なのか」「我々はどうなるのだろうか」という問いと関連し、朝鮮人は死んでしまったのではなく、生きていたのだなあと嬉しくなりました。満州での見聞は、私に絶望と希望の両面を確認させてくれました。

6　本当の教育はこれからだ――「お前は学問をやれ」

解放されると、私はすぐに故郷に帰りました。父は、解放された後に私がしなければならないことを、すでに計画してありました。これから社会はしばらく混乱するだろうが、しかし結局は国家が建てられるだろう、お前は新しい時代の新しい国家に役に立つ人にならなければならない、そうしようと思うなら、ソウルに上京して勉強をしなければなるまい、お前が受けなければならない「本当の教育はこれからだ」と言い、準備ができ次第上京せよ、と言いました。

解放は、実に大きな変動でした。その中でも、教育は比較的早い時期に日帝下の日本化教育の体系から脱皮し、解放された新国家のための西欧式教育体制へと再建されていきました。我が国の文化に関する教科目が重要な科目として設置され、これを通じて民族文化が強調されました。

しかし、そのような学校教育にも問題がなかったわけではありません。全ての教科目で有能な専門教師が不足していたことは、その中でも際立ったものでした。学校教育があっという間に過度な政治性を帯びるようになったことは、この時期の教育の大きな特徴であり欠点でした。中学校には学徒護国団が設置され、軍事訓練を実施しました。

私は、学校の勉強を軽んじたわけではありませんが、学校の勉強にだけしがみつくことはありませんでした。幼い時からの関心事とも関連し、特に国語の科目に多くの関心を持ちました。我が国の歴史にも関心が多かったのですが、これを専攻した立派な先生に中学校の課程で会うのは難しいことでした。その代わりに、我が国の歴史と社会科学に関連する書籍をたくさん買って読みました。

解放から六・二五*までは混乱した時期でしたが、それでもそうした大変な時期に、私がその後、歴史学を勉強することができるよう学問の方法を訓練されたこと、学問の方向に私を誘導してくれた先生に会うことができたことは幸運でした。

前者については、老練な国語の先生の指導を受けることができました。先生は、国語の勉強はつまるところ自分の意思を正確に表現し、文章を論理的にきちんと書くために勉強するのだと言い、さまざまな訓練をさせました。その中には、生徒を二つのグループに分けて討論会を行わせることがありました。中学校三年生か四年生の時でしたが、主題は人が生きるのに重要なのは、「運命か努力か」のうちのどちらかというものでした。私は「人生は努力だ」の側に立って発表し、最後の二人の生徒が決戦を繰り広げるところまで勝ち上がりました。私の好敵手になって「人生は運命だ」を発表した生徒は、教会で訓練された言葉巧みな生徒でした。この時私は、討論のために何か月も打ち込み、さまざまな資料を幅広く収集して実証的・論理的に論旨を展開しました。個人の場合、民族の場合、国家の場合、どの場合を見ても、努力なしにはこの世で生き残ることができないことを強調しました。国語の先生は討論会の成果に満足し、父もその間に私が東奔西走しているのを見ていましたから、その結果を聞いて喜びました。父は、この時のことによって、私が学問をやれるだろうという可能性を確信したようでした。

後者については、経済学の先生による歴史学の講義を聴くことができたことです。先生は本来なら大学に在職すべきほどの方でしたが、機会を逃して中学校にいた方です。五年生の終わりか六年生の初めだったと思いますが、ある日、空き時間に特講をしに来ました。今日は生徒たちが気になっている問題があれば、何でも訊いてみなさいと言いました。私は手を挙げて、常に気がかりに思っていた問題について訊いてみました。「先生、僕は歴史学に関心があるのですが、人の名前や事件の年なんかを諳んじる歴史学ではなく、歴史学の本質といおうか、学問として意欲を感じて接近することのできる、そんな歴史学についてお話してくだされぱと思います」。

先生はしばらく考えると、話を始めました。「それじゃあ、話をしよう。歴史学は現在や未来を扱う学問ではなく、過去の事実を扱う学問だ。そのような点で、現在と未来の問題を解明しようとする社会科学よりは重荷が少ない学問だと言える。歴史学は過去の政治・経済・社会思想・産業などのあらゆる分野について、その発展過程を追跡し、分析・整理する学問だ。そうして、それが今日の現実にどのように続いているのかを明らかにしようとする学問だ……例えばイギリスで近代社会が成立した時は、産業革命を通じて中世社会の内部から中産的生産者階層・資本家階層が登場し、彼らが近代社会を率いる重要な政治勢力を形成するようになったのだけれども、歴史学が近代社会の成立を述べようとすると、このような事情を体系的に分析・整理しなければならないのだ。つまり、歴史学は、既存の社会の内部からさまざまな事情によって構造上の変動が起こる中で社会が発展したとするならば、その事情についてさまざまな系統から多くの資料を収集し、実証的に研究して整理し、性格と意義を明らかにすることでもって、その国全体の歴史の発展過程を体系化する学問だといえるだろう。だから、歴史学は徹底的に資料に依拠する学問であるしかないわけだ。歴史学で人の名前や事件の年代を知っていなければならない理由は、それがさまざまな分野の歴史的諸事実を綜合し、体系化しようとする時に、基準になるからだ」。

私はこの新鮮な講義を聴きながら、大学生になった気分がしました。実際、このような講義は大学の史学概論、西洋史の講義などで聴くことができるものでした。学校であったこの出来事も、父に話しました。父は、「もはやお前の進路が決まりつつあるようだな。これからは大学に行くことが残っているが、その場合、お前が日頃から関心を置いてきた分野、好きな分野に行くべきだろう。さらに、将来、学問の道、学者の道に進むことを考えるなら、これはとても重要なことだ。そして、立派な学者になるためには、新しい創意的な文章を書くことのできる学問をやらなければならないだろう。このことを忘れないようにいてほしい」と言いました。

このことからしばらくの後、韓国では六・二五戦争が勃発し、父は長年の持病に悩まされながら、故郷で私の懐に抱かれて亡くなりました。私には、「お前は学問をやれ」という遺言を残しました。

7　進路を歴史学の中の農業史に

私は中学校の最後の学年になる時までも（六・二五の直前）、大学に進学する場合の学科の選定をできずにいました。関心は常に我が国の文化と歴史にありながらも、新生国家に必要なのは農業・商工業（産業）などの実用的な学問であろうと考えていたからです。その上、農業は私がどんな形であれ、学問的発展に寄与しなければならないという思いでした。

そうしているうちに、六・二五の戦争が勃発しました。戦争の原因・性格については、さまざまな見解がありえましょうが、この戦争は、要するに、歴史的産物としての複合的・総体的なものだと考えられ、これを東西冷戦とだけ言うのならば、正確な研究になり難いと思いました。

大学の学科の分類も、これと同じ理屈たりうるだろうなと思いました。研究対象は複合的であるけれども、大学の学科の分類法によって、その対象の事実の性格を解明しようとするならば、手が届かない部分が少なくないだろうと思われました。そうだとするなら、大学に入学する立場では、専攻しようとする学科や学問の分類の内容を、融通の効くように調整できなくてはならないのではないかと考えました。ここに私は、大学入学の時に、学問の幅が広い歴史学に決め、他に関心のある学問は、その中で調整・折衷・綜合していくことにしました。

私は一九五一年に、戦時首都の釜山で、ソウル大学校師範大学歴史科に入学しました。ここで孫寶基先生にお目にかかることになり、学部課程では孫先生の学問的指導を受けることができました。先生は、ソウル収復(1)の後、アメリカ留学に出かけることになったため、大学院課程は高麗大学校の申奭鎬先生から指導を受けたらどうかとおっしゃり、それで私はそちらに進学することになりました。その時、申先生は国史編纂委員会の事務局長の職も兼任されていましたが、先生は私をそこで嘱託として勤務させるよう配慮してくださいました。私はそこを職場兼研究室として、研究生活を安定させることができました。

大学の卒業論文は、六・二五戦争の事例と同様に、過去の社会矛盾が累積して集約され、その葛藤が民族内部で戦争にまで拡散した「東学党の乱」のようなものを歴史的事例として扱ってみたいと思いました。孫先生は、「ならばこの資料を利用するのが良かろう」とおっしゃり、小さなカードに『全琫準供草』を筆写した資料カードを一束下さいました。私の生涯の研究は、ここから始まりました。しかし、戦争直後の状況で、卒業論文は十分なものになるはずもありませんでした。それで私は、この問題を大学院課程でもそのまま追究することにしました。国史編纂委員会の図書を、こまめに調査して利用しました。

ここで、修士論文の審査の時の雰囲気に、しばし触れたいと思います。我が国の歴史の本質的な性格についての問題が議論され、私の研究のその後の方向がさらにはっきりするようになったからです。論文審査で、私の研究が我が国の歴史を発展的に見ていることに対する批判的な質問がありました。趙璣濬先生は、「では、発表者は、今まで多くの学者たちが韓国社会を停滞性社会とみなし、また理論的にも世界的な大学者たちによって、アジア的生産様式が提唱されているが、これを否定するものなのか？」と質問されました。私は、この批判に理論的に答弁するだけの十分な準備ができていませんでしたが、資料を根拠に、確かに否定的な立場にいました。それで、その理論の論拠が、仮にアジアには「私的所有」が存在しないというのだとすれば、これは歴史的事実と余りにも異なっているという点において、そのまま従うことができないと言いました。（しばらく教授たちの自由討論があって）次いで、指導教授の申先生が弟子を防御する論弁をされることによって、この時の審査は無事に終わりました。先生の論弁の要旨は、『歴史学の本質は歴史の性格を予め決めておいて、それに合うように当てはめていくのではなく、多くの確実な資料に依拠して歴史的事実を分析・整理し、その性格を究明して導き出すことにあるのです。それゆえ、発展か停滞かという問題は、これからもっと多くの研究がなされなくては究明できない問題です。今日の審査は、今日の主題に限定すればよいでしょう」というものでした。この時の質問は、私の論文がそのような問題と関連を持ちながらも、その問題を正面から扱うことができなかったことから出たものでした。したがって、これは後に私が果たさねばならない課題として残されるしかなかったのです。

言い換えれば、学部と大学院課程での東学党の乱関係の研究の経験は、私がその後に果たさなければならない課題が何であるかを発見する過程になりました。それは、私がその後に打ち立てていかねばならない研究の方向が、歴史学の中でも農業史でなければならないことを確認させてくれる過程でもありました。のみならず、この場合、その農業史は、我が国の前近代社会が農業国家の時代であったという点で、国家体制に対応する農業体制の歴史でなくてはならないと思いました。このように考えれば、歴史と農業史が相互に補完し合い、その農業史を通じて、その歴史の性格がさらに鮮明になるだろうと思いました。そして、農業史も歴史学との連関の中で、少しはより融通性を持って幅広く扱われうるのではないかと思いました。

その後は、そうした視角から、朝鮮後期から近現代の農業史研究を構想し、それに先行する中世の農業史研究も、背景を理解するためのレベルで念頭に置きながら、その一つ一つの主題を実証的・科学的に追究していくことになりました（『金容燮著作集目録』参照）。

（1） 朝鮮戦争中に北側に陥落したソウルの奪還。本来は、一九五〇年九月の「ソウル収復」、および五一年三月の「再収復」をいうが、ここでは広義にソウルが南側に戻った後の時期を指すのではないかと思われる（編者注）。

ロシア、朝鮮、そして日本

和田春樹

〔第六回—二〇〇七年〕

歴史家にとって、自分自身を歴史的にとらえることは重要な課題です。実は私は昨年（二〇〇六年）四月から一年間韓国の新聞に「私が出会った韓半島」という題の回想を連載する機会をえました。日本でも、昨年秋に、生まれてから一九六五年までの時期の回想を出版しました[1]。このたびは日韓歴史家会議より「歴史家の誕生」という講演シリーズで話すように招いていただいたことに深く感謝いたしております。この席では歴史家の集団、歴史学会との関係を意識しながら、話させていただくつもりです。

1　開眼の書二冊

私が歴史と社会について批判的な姿勢でものを考えるようになったのは、二冊の本のおかげです。その一つは一九五三年中学校卒業の記念に買った竹内好の『現代中国論』です。竹内は中国文学者で、魯迅を深く研究した人でした。この本から私は、アジアを見る見方を学んだのです。第一に、戦争中の中国で日本人がおこなった醜い行為、たとえば阿片を売って中国人の抗戦意識を切り崩そうとしたことについて、「目をそらさずに見つめ、その底から自力で起死回生の契機をつかむ」ことが必要だということを教えられました。第二に、日本の平和民主化にとって「思想革命と心理建設」という課題が必要だとした国民党政府の要人の言葉は、共産党、国民党の別を越えた「中国国民の総意」であるとうけとらなければならないということを教えられました。第三に、日本の近代は「優等生文化」「転向の文化」だが、中国の近代は「抵抗に媒介された」文化、「回心文化」だということを学びました。第三点は理解が難しかったのですが、第一、第二点は強く心に刻み込まれました。

私は竹内に帰依して、彼が訳した魯迅の作品や彼の別の評論集を読んでいきました。竹内がほめている歴史家ハーバート・ノーマンと石母田正の本も読みました。ノーマンはやや難しく、石母田正の『歴史と民族の発見』が私に強い影響を与えた二冊目の本になりました。石母田はマルクス主義に立つ日本中世史家です。『歴史と民族の発見』は当時の大学生たちの愛読書でした。この本に収められている文章、「堅氷をわるもの」から私は朝鮮についての認識を学びました。石母田は次のように書いています。

「戦争に批判的であった人、協力しなかった人はたくさんいた。〔中略〕しかし日本人の生活と自由に直接関係のないことがらのように見えた朝鮮民族への圧迫を自分の問題としてとり上げていた人は意外に少ないと思う」。「われわれの過去の一切の頽廃は、この朝鮮民族の圧迫とぬきさしのならない深い関連をもっておるばかりでなく、戦争中比類のないほど民族的意識が強いと思われながら、一度敗戦してからはそれが全くの奴隷と乞食の根性に転化していったあの特徴的な変化によく見られるような特殊な『民族意識』の構造も明治以降の他民族圧迫と関連している。民衆の心の中にも深く喰いこんでいるこの頽廃の遺産を克服するためには朝鮮の日本からの解放は単に端緒をなすにすぎない。この問題は、政治的な解放のあとに長期にわたる精神的課題としてわれわれにのこされているのであって、その重大な意味を知るならば、日本の近代史のこの暗黒の側面にたいするわれわれの無知と無関心は重大なことである」。

竹内の方法と石母田の朝鮮認識を結合して考えはじめた私が現実の問題に直面したのは、一九五三年一〇月日韓会談が久保田発言*によって決裂した時でした。日本政府も野党社会党両派も、朝日新聞も、久保田発言の撤回をもとめた韓国代表の態度を非難しました。私は日記に「日韓会談決裂に思う」という一文を書き、そのような世論の大合唱に反撥しました。過去のことは「『すまなかった』という気持」を日本側が持つか持たぬかは、日韓会談の基礎であり、根本であり、このことに関して韓国側が「当方は歩み寄りの余地はない」と述べるのは当然である」。「韓国側の主張は単にあの独裁者李承晩の意志ではない。全朝鮮半島を通じて多年の間日本の侵略に抵抗してきた朝鮮民衆の声である」。幼稚ではあれ、自分の歴史をみる姿勢がこのときできてきていると思います。

2　ロシア史研究へ

私はそれからロシアのナロードニキ思想家ゲルツェン、クロポトキンを読み、チェーホフの小説なども読んで、ロシアに惹かれていきます。実は私は高校一年の夏からロシア語を独習しはじめていました。そのための雑誌が創刊されたのです。私は一年かかってロシア語の文法をひととおり学びました。そのことが私がロシア史研究者になる道をえらぶのに決定的な意味をもったように思います。中国語であれ、韓国語であれ、学ぶ機会があったら、別の選択をしたかもしれません。

一九五六年に大学に入ったのは、ソ連共産党第二〇回大会でスターリン批判がおこなわれた直後でした。秋にはハンガリー事件がおこり、他方では日ソ国交樹立がありました。しかし、私が関心を向けたのはロシア革命でした。東京大学にはロシア史の講義はなかったので、私はロシア史研究会という団体の月例報告会で勉強をしたのです。大学に職をえられず高校の教師をしていた若いロシア史家たちが中心になっていたこの研究会は五六年の春に生まれたばかりでした。会長は東大の江口朴郎※先生でした。

卒業論文のテーマには、最初は民衆の政治意識、皇帝崇拝と農民運動との関係をとりあげようとしましたが、うまくいかず、ナロードニキ運動の歴史的評価の問題をとりあげることにしました。

一九六〇年三月、私は大学を卒業して、大学の中にある社会科学研究所の助手として採用されました。この研究所は法律政治系と経済系に分かれており、私は経済系に属しました。経済系の中はマルクス主義経済学の両派、講座派と宇野弘蔵派*に分かれていました。私を採用してくれた先生の線で、私は講座派に属しました。しかし、私はあくまでも自分は歴史家だと考えていたし、講座派であれ宇野派であれ、どちらからも使える理論はとりいれたらいいという考えでした。研究所の中で私は少々毛色の変わった人間だと受け入れられていったと思います。結局そのまま、一九六六年に研究所の講師に採用され、そのままつとめて、最後は所長になって、停年退職しました。私の研究者人生はこの研究所の中ですごされたことになりますが、この研究所が私に精神的な自由、研究上の自由をあたえてくれたことは幸せなことでした。

3 歴史学研究会での活動

それでも助手になって、最初は私はロシアの資本主義の発達と皇帝権力の経済政策について研究しました。ナロードニキを歴史的に評価するためには、ナロードニキが敵としたものをしっかりと認識しなければならないと考えたからです。一九六一年五月の歴史学研究会の大会で、「世界史における日本の近代」という共通論題がとりあげられることになり、明治維新との比較のために、ロシアの同時代の大改革と経済発展についての報告をしてほしいという要請がロシア史研究会に持ち込まれました。その結果、私が押し出されて、報告することになったのです。歴史学研究会は戦前からある在野の歴史家団体で、戦後はながく江口朴郎先生が委員長をされていました。当時は、一九六〇年の安保闘争で岸内閣を倒したという精神の高揚が歴史学研究会をもとらえており、日本の近代史を単系発展段階理論でみるのではなく、世界史の連関の中で見直そうという意欲が大会にみなぎっていました。私の報告もその傾向につらなり、新しい方向をもりたてるのに貢献できたと思います。

歴研大会で一緒に報告した芝原拓自氏の縁で京都の民主科学者協会歴史部会のさそいをうけ、一九六二年に「歴史学の任務と方法――戦後史学史からの反省」なる論文を同部会の機関誌八〇号に寄稿しました。そこで私は上原専禄の世界史学に対する共鳴を表明しました。「現代の世界に於いて一つの民族が自律的に且つ自覚的に生きる唯一の仕方というものは、〔中略〕世界史像の自主的形成を介して、実際問題の解決に努力するということである」という上原の言葉を私は受け入れたのです。

そういう経過からして、一九六三年から歴史学研究会の委員となったのは自然な成り行きでした。当時の委員長は日本近代史の遠山茂樹氏であり、この年の大会で、遠山氏は東アジア歴史像の構築をめざす問題提起をおこないました。「日本人の朝鮮観は日本人の意識の水準をためすリトマス試験紙」だとの有名な発言はこのときのものです。竹内、石母田から出発して、上原に光をみた私には、遠山氏の問題提起は好ましいものでした。

そして一九六五年の日韓条約反対運動となります。私は歴研委員会でこの問題の担当委員となり、歴史家の集会を九月一一日に開きました。集会決議の原案は私が書いたものです。

「韓国の歴史家三団体の共同声明もふくめて、韓国人民各層の宣言文、声明が一致して指摘するのは、日韓条約の売国的、屈辱的性格である。その根源は、なによりもまず、この条約が過去の日本帝国主義の朝鮮支配を断罪する精神で結ばれていないことに求められている。これは深刻な反省を求める指摘である」。「日本帝国主義の朝鮮支配は二〇年前に終ったが、日本国民の精神の問題としては決して終っていない。他民族を蔑視するものは、自らに加えられる民族的抑圧をも甘受するものである」。

一九六六年の大会に向けて、私は「第二次大戦後の東アジア」という小論文を『歴史学研究』に発表しました。調べてみると、当時の多くの戦後日本史の概説書では、八・一五が植民地支配の終わり、朝鮮の独立であったことが書かれていませんでした。敗戦後虚脱した日本人は独立の喜びにわく朝鮮人に圧迫感をいだいたこと、雑誌『世界』に唯一載った鈴木武雄※の論文「朝鮮統治への反省」は行き過ぎた同化主義への反省にすぎなかったということをみると、日本人は朝鮮の独立に際して、過去を反省して、朝鮮人との間に新しい関係をつくりだすことができなかったのだ、私はそのように指摘しました。こののち、アメリカから出た新しい歴史観、近代化論について批判する努力を重ね、『歴史学研究』に二本の論考を発表しました。

4　市民運動の中で

私の歴史学研究会での活動はそこまででした。一九六七年、ベトナムの戦場で負傷した米兵を横田空軍基地から朝霞米軍病院へ運ぶヘリコプターが私の家の上空を通るようになりました。そのことにたえかねて、私は一九六八年四月からベトナム戦争反対の運動を自分の住む町ではじめることになりました。それ以前は私の政治的な行動は職場の労働組合、教員有志の集まり、そして歴史学者の職業的な団体の中でおこなわれていたのですが、それ以後は私は市民運動グループの代表として、自分の家の応接間を事務所として運動するようになったのです。そのささやかな活動が次第にすべてをのみこんでいきました。

私は一九六八年より一九七三年のパリ協定のあたりまで、ベトナム戦争反対の運動をつづけました。毎月定例デモをおこない、ニュースを出しました。七〇年までは毎日曜日、朝霞病院に収容されている米兵に戦争反対、「戦場にもどるな」と訴える柵越しのよびかけ（私たちはそれを「反戦放送」と呼んでいました）をしました。

この間に私は『血の日曜日』と『ニコライ・ラッセル――国境を越えるナロードニキ』という二冊の本を出しました。前者は皇帝に正義の秩序の実現を求めて、それが得られなければ死ぬほかありませんという請願書を書いて、数万の労働者とともに宮殿めざして行進する司祭ガポンの話であり、後者は日露戦争で日本に抑留された七万人の捕虜に皇帝政治打倒の革命宣伝をしに来た亡命ナロードニキの生涯の旅の話です。いずれもベトナム戦争反対の市民運動の中で生まれた問題意識から発した仕事でした。

一九七三年八月八日、韓国の元大統領候補金大中氏が東京のホテルから拉致されます。一九六五年以来韓国のことを忘れていた私は、強い衝撃を受け、この拉致事件にとりくもうとする人々に加わりました。金大中氏は幸いにして殺害されずに、数日後ソウルの路上に放りだされました。自宅に帰った元大統領候補が泣いているのをテレビでみました。この事件は、一九七二年に出現した軍事政権の最終的な完成形態、維新独裁体制に対して金大中氏が東京で亡命して闘争すると宣言を発したことに対する報復、弾圧措置でした。ここから維新体制の打倒をめざす韓国民主化運動がはじまったのです。一九七四年四月、「日本の対韓政策をただし、韓国民主化闘争に連帯する」運動の組織、日韓連帯連絡会議が生まれました。代表は老ジャーナリストの青地晨氏で、私が事務局長となりました。この運動の最初の事務所はもはや私の家の応接室ではありえません。神楽坂のべ平連事務所におかれ、その後独立の事務所となりました。

韓国の人々の運動を知れば知るほど、私は強い感動を覚えました。民主主義のために、国の未来のために、この人々はふるえながら、命がけで闘い続けていました。私は一九七四年暮れに自分が日韓連帯運動に加わる意味について最初の文章を書きました。日本人にとって朝鮮半島の人々との関係を変える最初のチャンスは一九四五年に来たが、それは生かされなかった、第二のチャンスは一九六五年に来たが、それも生かされなかった。現在来たのは第三のチャンスである、これはのがしてはならない。「韓国民衆をみつめること」というこの文章は雑誌『展望』(一九七四年一二月号)に発表されました。

一九七五年になると、当時韓国の運動の中心にいた詩人金芝河が出獄して、三・一運動の記念日に「日本民衆への提案」を出しました。共同通信の記者から録音テープが送られてきました。金芝河は、三・一運動は、日本民族に対する復讐のための闘いではなく、非暴力的、平和的な運動で独立を宣言し、「被害者である自民族のみでなく、残忍無道な加害者であるあなたたち日本民族をも同時に救うことを念じた」運動だったと述べていました。私はこの言葉に驚きを覚えました。そこで三・一運動の歴史を調べてみたのですが、金芝河の言葉は三・一宣言の思想の正確な要約であることがわかりました。三・一宣言は、ここで日本が朝鮮の独立を認めるなら、過去のうらみは忘れよう、このままいくと、中国人の不信が高まり、東洋全体が共倒れになるおそれがある、朝鮮の独立を主張するのは、日本が「邪悪な路より出でて、東洋の支持者たるの重責をまっとうする」ようにさせることなのだと述べているのです。まさにこの宣言は「抑圧者もともに救わんと念じた非暴力革命」の姿でありました。私は「非暴力革命と抑圧民族」という論文を書いて、七六年に『展望』(九月号)に載せました。韓国の運動は日韓関係、日本と朝鮮の関係史をあたらしく見直すことをわれわれに迫るものでした。

一九七八年、私はソ連へ在外研究に一年間出かけることになりましたので、やむをえず日韓連帯連絡会議を解消し、日韓連帯委員会に縮小することにしました。一九七九年に帰国すると、数日後に朴正熙大統領が殺害されるという事件がおこりました。それから「ソウルの春」とよばれる事態となり、期待が高まったのですが、翌八〇年五月には全斗煥将軍のクーデターがおこりました。金大中氏は逮捕され、光州では学生市民の抵抗が最後には武器をとるにまでいたり、鎮圧され、多数の死者を出しました。金大中氏は死刑判決をうけ、生命があぶない状態でした。このとき「金大中氏を殺すな」という運動が盛り上がりました。日本国中から国民の同情と敬意が金大中氏に寄せられました。日本政府と米国政府が動き、ついに一九八一年一月、金大中氏の死刑判決は無期懲役に減刑されました。

5 韓国民主化革命の影響

この一九八〇―八一年の激動ののちに、北朝鮮問題が浮上してくることになります。全斗煥大統領が、韓国は日米にとっての「防波堤」であるから、六〇億ドルの特別援助を出すように求めたのです。ここにおいて、われわれの未来のためには北朝鮮をも含めて考えていくことが必要だという認識が生まれました。よくよく考えてみると、北朝鮮についてわれわれは本質的なことは何も知らなかったことがわかりました。ロシア史家で、韓国問題に関与してきた私としては、ソ連の資料で、ソ連占領下の北朝鮮の改革について研究したら、よりよく貢献できるのではないかという考えが生まれ、一九八一年に「ソ連の朝鮮政策」なる論文を研究所の紀要に発表するにいたりました。

一九八二年になると、日本の教科書における歪曲を批判する声が中国、韓国で起こりました。日本政府は、政府の方針に変化はない、「日韓共同コミュニケ」と「日中共同声明」に盛られた精神で対処すると、弁解しましたが、私は納得できませんでした。私は日韓連帯運動を進めてきた青地晨、清水知久、倉塚平、鶴見俊輔、日高六郎氏ら七人とともに、八月一四日に声明を発表しました。たしかに一九七二年の日中共同声明では、「戦争を通じて中国国民に重大な損害を与えた」「責任を感じ、深く反省する」と表明されましたが、日韓条約のさいの共同コミュニケには「過去の関係は遺憾であって、深く反省している」とあるだけであり、明確な歴史認識はありません。朝鮮植民地支配を謝罪する政府声明を出すべきだと私たちは主張しました。八三年にはラングーン事件*が起こり、北朝鮮についての憂慮が深まりました。私たちは日朝関係を開くことで、北朝鮮の危険な行動を抑制することができるのではないかと考えました。

一九八四年秋、全斗煥大統領が訪日することとなりました。招宴では天皇の「お言葉」が述べられます。そこでは、日韓の歴史に関する認識が示されなければなりません。七月四日、私たちとキリスト者とが発起人となって、一三六氏の意見書「朝鮮問題と日本の責任」を発表しました。朝鮮植民地支配謝罪の国会決議を行い、韓国大統領にはその旨表明し、北朝鮮には決議を伝達して、政府間交渉の開始を求めるという提案です。私たちの要請に対して社会党の石橋委員長は賛成はするが、実現は夢物語だと回答してきました。

一九八五年、私は「金日成と満州抗日武装闘争」という論文を発表し、北朝鮮の説明を神話的だと批判しました。そのとき、私は自分の専門をロシア史とともに、北朝鮮研究とすることに決めました。専門家として自分の研究に責任をとることをはっきりさせたのです。

このとき韓国の民主化運動は最後の壁をのぼっていました。一九八七年六月、全国で三週間つづいた国民的なデモによって、全斗煥政権はついに屈服しました。大統領直選制が復活することになったのです。これは韓国民主革命の最初の勝利でした。以後、大統領選挙を通じる革命に局面が移行していくことになります。韓国国民のこの勝利は東北アジア史に輝く偉大な達成となるのです。

一九八八年、日本では、安江良介氏を中心とし、私も加わったグループが竹下内閣に植民地支配清算のために北朝鮮と交渉をおこなうべきだと申し入れました。八九年、昭和天皇が亡くなられました。「残念ながら、清算はなされないまま、昭和という時代の幕は下りたのだと言わざるをえない。」私は、朝鮮植民地支配が朝鮮民族に強制されたものであることを認め、もたらした苦痛に対して反省し謝罪するという国会決議を要求する声明を起草しました。署名した一二名中歴史家は旗田巍※、遠山茂樹、高崎宗司、それに私でした。これを受けて、国会決議を求める署名運動が開始されました。そして九〇年、安江氏と話した社会党の田辺誠氏が動いて、自民党副総裁金丸信氏とともに訪朝しました。植民地支配に対する反省を表明する海部首相の手紙が渡され、国交交渉をはじめるという三党共同声明が出るにいたりました。

以上の過程を見ると、韓国民主化運動の影響で、日韓連帯運動が日本の中で、過去の植民地支配を反省謝罪する機運を進め、韓国民主化の第一の勝利が日本の中の変化を決定的にしたと言えるように思います。だが、私は歴史学界の外にいて、このような変化の意味を歴史学界に報告することができていなかったのです。

6　日本の前進と悩み

植民地支配と侵略的行為を反省する戦後五〇年国会決議は村山内閣時代に推進されましたが、反対する議員連盟が生まれ、猛烈に妨害しました。しかし、その妨害にもかかわらず、決議は一九九五年六月九日採択されました。文章は品格にかけますが、近代において植民地支配と侵略的行為を日本も行い、アジアの諸国民に苦痛を与えたことを反省するという内容は悪くはなかったと思います。

他方で、民主化された韓国で慰安婦問題が提起され、謝罪にくわえて補償が求められるようになりました。日本政府は九三年に河野官房長官談話を出し、九五年には村山内閣がアジア女性基金をつくって、総理のお詫びの手紙、国民募金による償い金の支給、政府資金による医療福祉支援の提供を内容とする償い事業を推進しました。国会決議に対する反対勢力の力に慄然としていた私はアジア女性基金の呼びかけ人となることを引き受けました。高崎宗司氏も運営審議会委員となりました。ところで、慰安婦問題はまさに歴史の問題であったので、この補償問題では歴史家が大きな役割を演じることになりました。吉見義明氏の著書は慰安婦問題の基本文献となり、荒井信一氏らは日本の戦争責任資料センターをつくって活躍しました。しかし、大方の歴史家たちは日本政府の態度とアジア女性基金に対して批判的で、私たちとの関係は緊張しました。

一九九五年八月一五日、村山総理談話が閣議決定にもとづいて発表されました。植民地支配と侵略によってアジアの諸国の人々に多大の損害と苦痛を与えたことに対して痛切な反省と心からなるお詫びを表明するという内容は新たに確立された国民的コンセンサスを表したものです。これは戦後五〇年にしてはじめて獲得された共通の歴史認識であり、国民にとっても、歴史家にとっても重要なよりどころとなりました。のちに「新しい歴史教科書」に対抗するさいも、この村山談話が力をもちましたし、その土台の上で私は荒井信一氏と協力することができました。

私はいまロシア史研究会の推薦で日本歴史学協会委員、歴史教育特別委員会委員をつとめており、この場で歴史家の同僚諸氏と話し合う機会をふやしております。

歴史家として生まれる者はありません。あるべき歴史家の姿を求めて、われわれは成長していくだけです。あと何年生きられるかわかりませんが、努力していきたいと思います。

（1）『ある戦後精神の形成――１９３５―１９６５』(岩波書店、二〇〇六年)。

あとがき

本書冒頭の「日韓歴史家会議と「歴史家の誕生」」で述べたように、本書は二〇〇一年からソウルと東京で毎年交互に開催されている日韓歴史家会議に際して、二〇〇二年からもたれてきた講演会の記録です。日韓歴史家会議そのものは両国の歴史家が自由に意見をたたかわす場として公開されていませんが、この講演会は公開講演会の形をとってきました。そこで話されてきたことは、両国の歴史学の歩みと現代史を鮮やかに映し出しているため、それらを本の形にまとめて、できるだけ多くの方に読んでいただきたいということを、本書の編者たちは考えはじめました。その結果、二〇〇七年に第六回目の公開講演会を行ったところで、出版にちょうどよい位の講演の量になったため、出版計画を具体的に進めることにしたのです。それに際しては、日韓歴史家会議を推進している日本外務省と韓国外交通商部の強い励ましをいただきました。

本書に収録した文章は、原則として毎回の公開講演会のために予め準備された原稿（韓国側の方のものは、会議に先立って作られた日本語訳）に基づいています。初回の韓国側講師である高柄翊氏の講演草稿は、氏がすでに故人となられているため、ご息女でやはり高名な歴史家である高惠玲氏に提供していただきました。高柄翊氏の講演および金容燮氏の講演（講演会当日の原稿を大幅に短縮したもの）については、東京大学大学院総合文化研究科准教授の月脚達彦氏に翻訳の労をとっていただきました。高恵玲氏と月脚達彦氏に、心から感謝いたします。

また各講演者の方々に対して、講演の本書への収録をご快諾いただいた上、文章の修正などについての編者の注文に快く応じていただいたことに、お礼を申し上げたいと思います。

日韓歴史家会議の日本側運営委員会は、当初から一貫して宮嶋博史氏（成均館大学教授）、濱下武志氏（龍谷大学教授）と木畑の三人で構成してきました。本書の日本側編者としてとりあえず木畑の名前のみ出しておりますが、本書の成立はお二方の努力なしには考えられません。とくに宮嶋氏には、本書の編集過程でもさまざまな助力をあおぎました。お二方にお礼を申し上げます。

日韓歴史家会議を日本側で支えている国際歴史学会議日本国内委員会は、日本学術会議史学委員会国際歴史学会議等分科会国際歴史学会議小委員会によって構成されています。東京での「歴史家の誕生」公開講演会は、日本学術会議を場として開催されてきました。日本学術会議に対し、さらに小谷汪之史学委員会委員長など関係者の方々に、謝意を表します。この公開講演会を含め、日韓歴史家会議の日本側における実務全般は、一貫して日韓文化交流基金に担当していただいています。内田富夫理事長をはじめとする基金の関係者の方々、とりわけ長久光氏と秋鹿まり子氏に深く感謝いたします。

本書は、この日本語版とともに、韓国でも知識産業社から韓国語版が出版されることになっています。日本語版の出版については、東京大学出版会編集部の山本徹氏に何から何までお世話になりました。

本書は、日本と韓国の間にかかりつつあるさまざまな橋の一つにすぎません。しかし、両国を代表する歴史家が胸襟を開いて、歴史家としての自己の歩みとそれに反映されている現代史について語ったこの講演録は、他に例を見ない貴重な記録として、その先に多くの道を広げていく橋であると、編者としては確信しています。

二〇〇八年六月

木畑洋一・車 河 淳

〔編者〕
木畑洋一：1946年生まれ.
東京大学大学院総合文化研究科教授，国際歴史学会議日本国内委員会委員長，日韓歴史家会議日本側運営委員.
主要著書：『支配の代償』（新しい世界史5，東京大学出版会，1987年），『帝国のたそがれ』（東京大学出版会，1996年），『イギリス帝国と帝国主義』（有志舎，2008年）など.
車河淳：1929年生まれ.
西江大学校名誉教授，国際歴史学会議韓国国内委員会委員長，日韓歴史家会議韓国側運営委員（詳細は執筆者紹介参照）.

日韓　歴史家の誕生

2008年11月6日　初　版

〔検印廃止〕

編　者　木畑洋一《きばたよういち》・車河淳《チャハスン》

発行所　財団法人　東京大学出版会

代 表 者　岡本和夫

113-8654 東京都文京区本郷7-3-1 東大構内
http://www.utp.or.jp/
電話 03-3811-8814　Fax 03-3812-6958
振替 00160-6-59964

印刷所　株式会社三陽社
製本所　誠製本株式会社

ISBN 978-4-13-023055-1　Printed in Japan

執筆者紹介（掲載順）

板垣雄三（いたがき・ゆうぞう）

1931年生まれ．東京大学東洋文化研究所助手，東京外国語大学アジア・アフリカ言語文化研究所助教授，東京大学教養学部・同東洋文化研究所教授，アイン・シャムス大学（カイロ）中東研究センター教授，国立民族学博物館客員教授，東京経済大学コミュニケーション学部教授などを歴任．現在，東京大学名誉教授．

主要著作：『アラブの現代史』（東洋経済新報社，1959年），『石の叫びに耳を澄ます』（平凡社，1992年），『歴史の現在と地域学』（岩波書店，1992年），『「対テロ戦争」とイスラム世界』（編著，岩波書店，2002年），『イスラーム誤認』（岩波書店，2003年）など．

安丸良夫（やすまる・よしお）

1934年生まれ．名城大学法商学部講師，一橋大学社会学部助教授・教授などを歴任．現在，一橋大学名誉教授．

主要著作：『日本の近代化と民衆思想』（青木書店，1974年），『出口なお』（朝日新聞社，1977年），『日本ナショナリズムの前夜』（朝日新聞社，1977年），『神々の明治維新――神仏分離と廃仏毀釈』（岩波書店，1979年），『近代天皇像の形成』（岩波書店，1992年），『〈方法〉としての思想史』（校倉書房，1996年），『文明化の経験――近代転換期の日本』（岩波書店，2007年）など．

高柄翊（コ・ビョンイク）

1924年生まれ．2004年没．延世大学校教授，東国大学校教授，ソウル大学校教授，ソウル大学校総長，韓国精神文化研究院長，翰林大学校教授，民族文化推進会理事長などを歴任．

主要著作：『東西交渉史の研究』（ソウル大学校出版部，1970年），『東アジア史の伝統』（一潮閣，1976年），『東アジアの伝統と近代史』（三知院，1984年），『東アジア文化史論考』（ソウル大学校出版部，1997年）など．

李基白（イ・ギベク）

1924年生まれ．2004年没．梨花女子大学校教授，西江大学校教授，翰林大学校教授などを歴任．

主要著作：『高麗兵制史研究』（一潮閣，1968年），『民族と歴史』（一潮閣，1971年），『新羅政治社会史研究』（一潮閣，1974年），『韓国史学の方向』（一潮閣，1978年），『新羅思想史研究』（一潮閣，1986年），『高麗貴族社会の形成』（一潮閣，1990年），『韓国史新論』（一潮閣，新修版1990年），『韓国史像の再構成』（一潮閣，1991年），『韓国古代史論』（一潮閣，増補版，1995年），『韓国古代政治社会史研究』（一潮閣，1996年）など．

中塚明（なかつか・あきら）

1929年生まれ．奈良女子大学助教授・教授などを歴任．現在，奈良女子大学名誉教授．

主要著作：『日清戦争の研究』（青木書店，1968年），『近代日本と朝鮮』（三省堂，1969年），『近代日本の朝鮮認識』（研文出版，1993年），『歴史の偽造をただす――戦史から消された日本軍の「朝鮮王宮占領」』（高文研，1997年），『歴史家の仕事』（高文研，2000年），『これだけは知っておきたい日本と韓国・朝鮮の歴史』（高文研，2002年），『「蹇蹇録」の世界』（みすず書房，1992年，新装版2006年），『現代日本の歴史認識』（高文研，2007年）など．

佐々木隆爾（ささき・りゅうじ）

1935年生まれ．静岡大学助教授，東京都立大学教授，日本大学教授などを歴任．現在，東京都立大学名誉教授．

主要著作：『世界史の中のアジアと日本』（御茶の水書房，1988年），『サンフランシスコ講和』（岩波書店，1988年），『現代天皇制の起源と機能』（昭和出版，1990年），『在日朝鮮人はなぜ帰国したのか』（現代人文社，分担執筆，2004年），『新安保体制下の日米関係』（山川出版社，2007年）など．

車河淳（チャ・ハスン）

1929年生まれ．西江大学校教授・文科大学長・副総長などを歴任．現在，西江大学校名誉教授，大韓民国学術院会員・人文社会科学部会長，韓国文芸学術著作権協会会長，国際歴史学会議韓国国内委員会委員長．

主要著作：『ルネサンスの社会と思想』（探求堂，1973年），『歴史と知性』（探求堂，1973年），『歴史の理解』（探求堂，1974年），『歴史の意味』（探求堂，1981年），『衡平の研究』（一潮閣，1983年），『歴史の本質と認識』（学研社，1988年），『現代の歴史思想』（探求堂，1994年），『西洋近代思想史研究』（探求堂，1994年），『新たに書いた西洋史総論』（探求堂，2000年）など．

李元淳（イ・ウォンスン）

1926年生まれ．漢陽大学校教授，ソウル大学校教授，民族文化推進会会長，国史編纂委員会委員長などを歴任．現在，ソウル大学校名誉教授，韓国教会史研究所顧問教授．

主要著作：『歴史教育論』（三英社，1980年），『韓国人の天主信仰』（ブンド出版社，1984年），『歴史教育の理論と実際』（正音文化社，1985年），『朝鮮西学史研究』（一志社，1986年〔中国語版：中国社会科学出版社，2001年〕），『韓国天主教会史研究』（韓国教会史研究所，1986年），『朝鮮時代史論集　内と外の出会い』（ヌチナム社，1992年），『韓国からみた日本の歴史教育』（青木書店，1994年），『韓国史』（台湾：幼獅文化事業公社，1994年），『韓国天主教会史研究』（続）（韓国教会史研究所，2004年）など．

西川正雄（にしかわ・まさお）

1933年生まれ．2008年没．東京女子大学助教授，東京大学助教授・教授，専修大学教授などを歴任．

主要著作：『ファシズムとコミンテルン』（共著，東京大学出版会，1978年），『ドイツ史研究入門』（編著，東京大学出版会，1984年），『初期社会主義運動と万国社会党』（未来社，1985年），『第一次世界大戦と社会主義者たち』（岩波書店，1989年），『現代史の読みかた』（平凡社，1997年），Der Erste Weltkrieg und die Sozialisten (Bremen: Ed. Temmen, 1999)，『社会主義インターナショナルの群像』（岩波書店，2007年）など．

樺山紘一（かばやま・こういち）

1941年生まれ．東京大学助教授・教授，国立西洋美術館長などを歴任．現在，印刷博物館館長，国際歴史学会議副議長．

主要著作：『ゴシック世界の思想像』（岩波書店，1976年），『ルネサンス周航』（青土社，1979年），『ヨーロッパの出現』（講談社，1985年），『情報の文化史』（朝日新聞社，1988年），『パリとアヴィニョン――西洋中世の知と政治』（人文書院，1990年），『歴史のなかのからだ』（筑摩書房，1993年），『異境の発見』（東京大学出版会，1995年），『ルネサンスと地中海』（中央公論社，1996年），『世界を俯瞰する眼――比較社会史入門』（新書館，1999年），『エロイカの世紀――近代をつくった英雄たち』（講談社，2002年），『地中海――人と町の肖像』（岩波書店，2006年），『歴史家たちのユートピアへ――国際歴史学会議の百年』（刀水書房，2007年）など．

柳永益（ユ・ヨンイク）

1936年生まれ．高麗大学教授，スタンフォード大学客員教授，延世大学校現代韓国研究所所長などを歴任．現在，延世大学校碩座教授．

主要著作：『甲午更張研究』（一潮閣，1990年）〔日本語訳『日清戦争期の韓国改革運動――甲午更張研究』（法政大学出版局，2000年）〕，『韓国近現代史論』（一潮閣，1990年），『韓国人の対米認識』（民音社，1994年），『李承晩の生涯と夢』（中央日報社，1996年），『東学農民蜂起と甲午更張』（一潮閣，1998年），『若き日の李承晩――漢城監獄生活（1899-1904年）と獄中雑記研究』（延世大学校出版部，2002年）など．

金容燮（キム・ヨンソプ）

1931年生まれ．ソウル大学校教授，延世大学校教授などを歴任．現在，大韓民国学術院会員．

主要著作：『朝鮮後期農業史研究』I・II（一潮閣，1970年，1971年），『韓国近代農業史研究』I・II（一潮閣，1975年，2003年），『韓国中世農業史研究』（知識産業社，2003年）など．

和田春樹（わだ・はるき）

1938年生まれ．東京大学社会科学研究所助教授・教授・所長，アジア女性基金

専務理事などを歴任．現在，東京大学名誉教授．
主要著作：『ニコライ・ラッセル――国境を越えるナロードニキ（上・下）』（中央公論社，1973年），『マルクス・エンゲルスと革命ロシア』（勁草書房，1975年），『農民革命の世界――エセーニンとマノフ』（東京大学出版会，1978年），『韓国民衆をみつめること』（創樹社，1981年），『金日成と満州抗日戦争』（平凡社，1992年〔韓国語版：創作と批評社，1992年〕），『歴史としての社会主義』（岩波書店，1992年〔韓国語版：創作と批評社，2002年〕），『北朝鮮――遊撃隊国家の現在』（岩波書店，1998年〔韓国語版：トルベゲ，2002年〕），『朝鮮戦争全史』（岩波書店，2002年），『東北アジア共同の家――新地域主義宣言』（平凡社，2003年〔韓国語版：一潮閣，2004年〕），『テロルと改革――アレクサンドル二世暗殺前後』（山川出版社，2005年），『ある戦後精神の形成――1938-1965』（岩波書店，2006年）など．

本書に関わる日韓関係史年表

（＊は後のキーワード参照）

年	月	事項
1875	9	江華島事件＊
1876	2	日朝修好条規調印
1882	7	壬午軍乱，日清両国朝鮮に出兵
1885	12	甲申政変
1894	2	東学農民蜂起（甲午農民戦争）開始
	7	日清戦争開戦（—95 年 4 月）
	7	甲午更張（甲午改革）開始（—96 年 2 月）
1895	10	王后閔氏（閔妃）殺害（乙未事変）
1897	10	大韓帝国成立
1904	8	第一次日韓協約締結
1905	11	第二次日韓協約締結
	12	日本，韓国に統監府設置
1907	7	第三次日韓協約締結
		この年，李昇薫が五山学校＊創設
1909	10	安重根，伊藤博文を暗殺
1910	8	韓国併合
1911	8	朝鮮教育令公布
1912	8	土地調査令公布
1918	2	書堂規則を制定，書堂教育の取り締まり強化
1919	3	三・一運動
	7	ソウル南山に朝鮮神社建立（25 年の鎮座祭に際し朝鮮神宮に昇格）
	8	朝鮮総督府官制改正公布，文官総督を認める（実際に文官が総督になった例はない）
1920	1	『朝鮮日報』（3 月創刊）『東亜日報』（4 月創刊）の発行許可
1922	2	第二次朝鮮教育令公布，内鮮共学の方針を採用
1924	5	京城帝国大学予科開校（26 年に法文学部・医学部開設）
1927	2	民族運動の統一組織，新幹会創設
1934	5	震檀学会創立＊
1936	8	神社規則の改定＊，朝鮮全土での神社の設置を徹底化
1937	10	「皇国臣民の誓詞」制定＊
1938	4	小学校令公布，授業言語を日本語に限定，朝鮮語は随意科目となる＊
1939	12	創氏改名についての総督府令公布（1940 年 2 月施行）＊
1940	8	『朝鮮日報』『東亜日報』廃刊

年	月	事項
1941	3	国民学校規程，朝鮮語授業の全廃
1943	3	朝鮮に徴兵制を施行する兵役法改正公布（8月施行）
1945	8	日本降伏，朝鮮の解放（光復）*
	9	マッカーサー，米ソ両軍による朝鮮分割占領政策発表
	12	モスクワ米英ソ外相会議で朝鮮半島の5年間信託統治決定，これをめぐり左右の対立激化
1946	2	大韓独立促成国民会結成（総裁・李承晩）
	2	北朝鮮臨時人民委員会結成（委員長・金日成）
1947	7	米ソ共同委員会決裂，朝鮮半島の信託統治構想挫折
	11	国連総会，米国提出の臨時朝鮮委員会設置決議採択
1948	4	済州島での人民蜂起（四・三事件）
	8	大韓民国樹立（大統領・李承晩）
	9	朝鮮民主主義人民共和国樹立（首相・金日成）
1950	6	朝鮮戦争勃発（六・二五動乱*）
	9	国連軍仁川上陸
	10	中国人民義勇軍参戦
1951	7	朝鮮戦争休戦会談開始
1952	1	韓国，李承晩ライン設定
	2	第一次日韓会談（—4月）
1953	4	第二次日韓会談（—7月）
	7	板門店で朝鮮戦争停戦協定調印
	10	第三次日韓会談（同月中に久保田発言*で決裂）
1954	4	ジュネーブで朝鮮問題に関する会議（6月討議打ち切り）
1958	4	第四次日韓会談（—59年2月中断）
1960	3	韓国大統領選挙，李承晩4選
	4	四・一九学生革命*，李承晩大統領退陣，ハワイに亡命
	6	日本で安保改定反対闘争高揚
	10	第五次日韓会談（—61年5月）
1961	5	朴正熙らの軍事クーデター
	10	第六次日韓会談（—64年4月）
1964	6	ソウルの大学生などによる日韓交渉への反対運動高揚
1965	6	日韓基本条約および諸協定調印
1967	7	佐藤首相，日本の首相として初の訪韓
1968	2	金嬉老事件*
1972	7	南北共同声明発表
1973	8	金大中，東京で誘拐

年	月	事項
1974	7	詩人金芝河に対する死刑判決
1979	10	朴正煕を中央情報部長が射殺
	12	全斗煥が軍の実権を掌握
1980	5	全斗煥による戒厳令布告，それに対し光州民主化運動
	9	金大中に死刑判決
1982	7	日本の歴史教科書検定問題で，韓国，歪曲記述の是正を要求
1987	6	韓国で民主化要求闘争（六・二九民主化宣言発表）
	12	盧泰愚，国民の直接選挙で大統領当選
1991	9	南北朝鮮が国際連合に同時加盟
1993	8	従軍慰安婦に関する河野官房長官談話
	11	日韓首脳会談で細川護煕首相が植民地支配を謝罪
1995	7	日本政府，慰安婦問題でアジア女性基金設立
	8	村山富市総理談話，侵略・植民地支配についてのお詫び表明
	8	ソウルの旧朝鮮総督府の解体・撤去開始
1997	12	金大中，大統領当選
1998	10	韓国文化観光相，日本大衆文化の段階的解禁方針発表
2001	11	第一回日韓歴史家会議開催
2002	1	大学入試センター試験，外国語科目に韓国語を導入
	10	第二回日韓歴史家会議で，第一回「歴史家の誕生」講演会
2004	1	韓国で日本の大衆文化全面解放
2005	1	韓国政府，日韓条約の請求権関連文書公開
	3	ソウル大学に日本研究所設置

読み解くためのキーワード（五十音順）

〔歴史的用語〕

アナール派（フランス）：36, 150 頁

マルク・ブロックをはじめとする，1929 年に創刊された『社会経済史年報』に拠るフランスの歴史家たちで，社会学，人類学，地理学などの方法を取り入れつつ，社会史研究の一大潮流を作りあげた．

家永裁判：135 頁

高等学校日本史教科書を執筆した日本史家，家永三郎が，教科書検定は憲法違反であるとして，国を相手として起こした裁判．1965 年の第一次訴訟，67 年の第二次訴訟，84 年の第三次訴訟という三つの裁判から成る．

階級闘争論：33 頁

歴史の変化をもたらす要因は，生産手段との関わり方で区分される階級（資本家階級と労働者階級など）の間の闘争であるとする，マルクス主義の考え方．

解放：49, 55, 115, 186 頁，年表

第二次世界大戦の終結によって，朝鮮が日本の植民地支配下から脱したことを指す．光復と同義．

金嬉老事件：18 頁，年表

1968 年 2 月，在日韓国人金嬉老が，借金返済問題にからんで殺人事件を起こした後，静岡県寸又峡温泉の旅館で 13 名を人質として，88 時間にわたって籠城した事件．

久保田発言：197 頁，年表

1953 年 10 月に開かれた日韓国交正常化のための第三次会談で，日本側の久保田貫一郎首席代表が，日本による朝鮮統治が朝鮮のためにもなったと述べたり，日本側から見ると韓国が独立したのはサンフラン

シスコ講和条約が発効した時であると述べたりしたことを指す.

言語論的転回：134頁

言語が社会や歴史的現実を反映するのでなく，逆に言語が世界や現実を構成すると捉える考え方で，1980年代以降に広まった.

江華島事件：13頁，年表

1875年9月20日に朝鮮の江華島沖で日本の軍艦雲揚号が挑発して起こした朝鮮との武力衝突事件.

皇国臣民の誓詞の提唱：118, 178頁，年表

1937年10月，朝鮮総督府は,「我等は皇国臣民なり，忠誠以て君国に報ぜん」で始まる「皇国臣民の誓詞」を制定し，職場や映画館などあらゆる場所での斉唱を義務づけた.

講座派と宇野弘蔵派：199頁

講座派は，第二次世界大戦前に日本のマルクス主義者の間で展開された日本資本主義論争の一方の陣営であった講座派（日本は封建的・絶対主義的であるとして，ブルジョア民主主義革命から社会主義革命へという二段階革命論を展開）の系譜に立つ人々．宇野弘蔵は，もう一方の陣営労農派（金融資本が権力を握っているとして，社会主義革命を主張）の流れをくみつつ，唯物史観や社会主義イデオロギーを排除した独自のマルクス経済学体系を作り上げた.

光復：98, 114頁，年表

第二次世界大戦の終結によって，朝鮮が日本の植民地支配下から脱したことを示す表現．解放と同義.

五山学校：16, 55頁，年表

李昇薫によって1907年に平安北道定州で設立された学校で，日本による植民地支配のもとでも，民族教育を繰り広げた．李昇薫が1919年の三・一運動で民族代表の一人となった後，廃校となったが，20年に再び開校された．42年，朝鮮総督府によって教師，学生が大量に逮捕されたが，学生たちの抵抗はつづいた.

サバルタン研究（インド）：36頁

サバルタンとはイタリアの思想家グラムシが『獄中ノート』で用いた用語で，下層民といった意味合いである．1980年代，インドの歴史

家ラナジット・グハが，それまで無視されてきたインドのサバルタン集団に着目し，「下からの歴史」を書こうとする潮流を作りあげた．

「自己歴史」（ego-history）：44 頁

1980 年代以降，フランスでは自伝的叙述の中で，自らの成長過程と歴史研究との関連を語る歴史家が目立ってきた．そのような試みを説明するため，歴史家ピエール・ノラが「自己歴史」という概念を提唱した．

「思想の科学」研究会：30 頁

1946 年から 96 年まで発刊されていた雑誌『思想の科学』の編集を行っていたグループで，鶴見俊輔，丸山眞男，都留重人などによって創設された．

社会運動史研究（イギリス）：36 頁

E. P. トムスンや E. J. ホブズボームなど，社会運動分析を軸として社会史研究を推進していった流れをさす．

神社参拝の義務化：118 頁，年表

1936 年 8 月，朝鮮総督府によって神社規則の改定が行われて，朝鮮全土での神社の設置が徹底されるとともに，37 年から神社参拝の強要，義務化の動きが始まった．

震檀学会：46, 61 頁，年表

1934 年に，朝鮮の歴史・言語・文学などの研究のために朝鮮人によって設立された学会で，解放後の韓国歴史学界で主導的役割を演じた．

スターリン批判：30 頁

1956 年 2 月に開かれたソ連共産党第 20 回大会で，第一書記フルシチョフが，53 年に死亡したスターリンの個人崇拝や彼による大粛清の問題を批判した．

創氏改名の強要：118 頁，年表

朝鮮総督府は，1940 年 2 月に施行した総督府令によって，皇民化政策の一環として，朝鮮人の姓をそれまで朝鮮の慣習になかった家の称号を表す日本式の氏に強制的に変えさせた（創氏）．名を日本式に変える改名の方は，任意であったため，改名率はそれほど高くなかった．

族譜：165 頁

一人の人物を共通の祖先とする父系血縁集団を網羅した系譜．中国の宋代以降，編纂がはじまり，韓国では15世紀以降，編纂されるようになった．

土台・上部構造論：33頁

社会は経済構造である土台（下部構造）と，政治・法・イデオロギーなどから成る上部構造とから成っているとする，マルクス主義の考え方．

西ドイツ・ポーランド教科書会議：135頁

歴史教科書の叙述をめぐって，西ドイツとポーランドの間で1972年からはじまった会議．西ドイツの「ゲオルク・エッカート国際教科書研究所」が中心となって推進した．

日語常用運動：118頁，年表

朝鮮総督府は，1930年代後半以降日本語の使用を強制する動きを強め，1938年4月には小学校規程によって，小学校教育における教授言語を日本語に限定した．1944年には朝鮮での徴兵制施行に伴い，国語常用運動が展開された．

日帝：55, 114, 138, 160, 178頁

日本帝国主義の略語．韓国においては，日本による朝鮮植民地支配を指す際に，この日帝という言葉をよく用いる．

バンドン精神：93頁

1955年4月にインドネシアのバンドンで開かれた第1回アジア・アフリカ会議（バンドン会議）で提唱された「平和10原則」を指す．

フェビアン社会主義：160頁

1884年にイギリスで創設されたフェビアン協会が唱えた，漸進的な穏健社会主義．

ポーランド・ハンガリーでの反政府暴動：30頁

ソ連でのスターリン批判の後，1956年6月にポーランドで，同年10月にハンガリーで，ソ連影響下の体制に不満を抱き，改革を求める人々の暴動が起こった．

両班（ヤンバン）：45頁

朝鮮王朝時代の支配階層．もともと国家的行事に際して官僚が文班，

武班という二列で並んだことからこの表現が生まれた.

四・一九学生革命：161頁，年表

一般的には四月革命という. 1960年3月の大統領・副大統領選挙の不正に対する抗議に端を発し，4月19日の学生総決起でピークを迎えた反李承晩運動. これにより李承晩は大統領を辞任し，ハワイに亡命した.

ラングーン事件：207頁

1983年10月，ミャンマー（ビルマ）のラングーンで韓国の要人19名が爆弾テロで死亡した事件.

ランケ的事実主義：105頁

ドイツの歴史家で近代歴史学の祖と目されているレオポルト・フォン・ランケ（1795-1886）は，徹底的な史料批判を前提とした事実の厳密な叙述こそが歴史学のめざす方向であるとした.

六全協：30頁

日本共産党第6回全国協議会の略称. 1955年7月に開かれ，中国革命に影響を受けていたそれまでの武装闘争方針の放棄を決定した.

六・二五動乱：50, 188頁，年表

1950年6月25日に始まった朝鮮戦争のこと.

〔人　　名〕（複数の判型がある著作は入手しやすいものを記した）

網野善彦（1928-2004）：35 頁

日本中世の遍歴職人や芸能民など農民以外の非定住の人々に焦点をあてて，日本史像の再構築を図るなど，社会史研究で先導的役割を演じた.『異形の王権』（平凡社，1993 年），『「日本」とは何か』（講談社，2000 年）など.

安在鴻（アン・ジェホン　1892-1965）：186 頁

朝鮮の民族運動家，歴史家. 早稲田大学在学中の 1912 年朝鮮留学生学友会を結成した. 20 年代には『朝鮮日報』の主筆として活躍. 解放後はアメリカの軍政下で民政長官などをつとめた. 朝鮮戦争の際，北側に拉致され , 65 年に平壌で死去した.

安昌浩（アン・チャンホ　1878-1938）：159 頁

朝鮮の民族運動家. 号は島山. 韓国で「大韓民国独立運動の父」として顕彰されている.

李昇薫（イ・スンフン　1864-1930）：159 頁

朝鮮の民族運動家. 号は南岡. 五山学校（前出）の創設者.

李承晩（イ・スンマン　1875-1965）：159, 169, 186 頁

韓国の政治家. アメリカで朝鮮の独立運動に従事し，1945 年の解放後帰国し，48 年大韓民国初代大統領に就任した. 60 年，大統領に 4 選されたが，「四・一九学生革命」（前出）によって下野を余儀なくされ，ハワイに亡命した.

板野長八（1905-93）：48 頁

中国古代史，中国思想史の研究を行い，『儒教成立史の研究』（岩波書店，1995 年）などの著作がある.

林慶業（イム・ギョンオプ　1594-1646）：56 頁

武臣で，1636 年の清の侵攻に抗戦，後に明軍攻撃を命じられたがこれを拒否して，明に逃亡した. 清に捕らえられ，朝鮮で処刑された. 反清の英雄として，朝鮮時代末期の小説『林慶業伝』に描かれた.

色川大吉（1925-）：35 頁

東京近郊の三多摩地域における自由民権運動の歴史に光を当てるなど，近代日本の民衆史，民衆思想史研究に貢献した．『新編　明治精神史』（中央公論社，1973 年），『北村透谷』（東京大学出版会，1986 年）など．

内村鑑三（1861-1930）：16 頁

思想家，宗教家．1891 年第一高等中学校教員の時，教育勅語への礼拝を拒否して職を追われた．日露戦争に際して反戦論を展開した．無教会派のキリスト者として多くの人々に影響を与えた．『余は如何にして基督信徒となりし乎』（岩波文庫，1958 年）など．

梅棹忠夫（1920-）：146 頁

文化人類学者．世界の中での日本文明の位置づけを試みた『文明の生態史観』（中公文庫）は大きな反響を呼んだ．

江口朴郎（1911-89）：130, 200 頁

国際関係史を中心に，帝国主義やナショナリズムの研究で大きな影響を与えた歴史家．『帝国主義と民族』（東京大学出版会 , 1954 年），『帝国主義の時代』（岩波書店 , 1969 年）など．

榎一雄（1913-89）：48 頁

中央アジア史や東西交渉史の研究を牽引するとともに，東京の東洋文庫での史料収集を推進した．『ヨーロッパとアジア』（大東出版社，1983 年）など．

カミングス，ブルース（1943-）：171 頁

シカゴ大学教授．現在のアメリカを代表する朝鮮現代史研究者で，『朝鮮戦争の起源』（邦訳 1989，1991 年，影書房）において，朝鮮戦争を，朝鮮半島の分断によってアメリカ側が余儀なくさせた内戦であると論じて，大きな波紋を呼んだ．

河合栄治郎（1891-1944）：46, 160 頁

経済学者，思想家．自由主義に立脚した思想を展開し，1939 年，その思想のために東京大学経済学部教授の職を追われた．

金日成（キム・イルソン　1912-94）：186 頁

朝鮮の共産主義運動家，政治家．満州で抗日運動に従事した後 , 1945

年にソ連軍占領下の北朝鮮に帰国し,48 年の朝鮮民主主義人民共和国発足以来,最高指導者として独裁体制をしいた.

金奎植(キム・ギュシク　1881-1950):186 頁
朝鮮の民族運動家.1919 年パリ講和会議に赴いて朝鮮の独立を訴えた.上海の大韓民国臨時政府に参加.解放後はアメリカ軍政当局に重用されたが,南北分裂に際しては批判的姿勢をとった.朝鮮戦争の際,北側に拉致され,そこで死去した.

金九(キム・グ　1876-1949):186 頁
朝鮮の民族運動家.1941 年,重慶で大韓民国臨時政府主席に就任.解放後は南北統一をめざした活動を展開したが,49 年に暗殺された.

金枓奉(キム・ドゥボン　1890-?):186 頁
朝鮮語学者,民族運動家.三・一運動後に中国に渡り,延安で共産主義運動を行った.解放後,朝鮮民主主義人民共和国で朝鮮語改革運動を行ったが,朝鮮戦争後失脚した.

グルントヴィ,ニコライ(1783-1872):55 頁
デンマークの思想家,政治家,歴史家.国民高等学校制度を作るなどして,近代デンマーク興隆の中心人物とされている.

クローマー卿(1841-1917):13 頁
イギリスの植民地行政官で,1882 年のイギリスによるエジプト占領以降,イギリスのエジプト統治において中心的役割を演じた.

顧頡剛(1893-1980):15 頁
中国の歴史家.中国古代史,歴史地理学,民俗学の発展に貢献した.

コーザー,ルイス(1913-2003):162 頁
アメリカの社会学者.紛争理論の確立者として知られる.『社会闘争の機能』(邦訳 1978 年,新曜社),『知識人と社会』(邦訳 1970 年,培風館)など.

申采浩(シン・チェホ　1880-1936):23, 45, 56 頁
朝鮮の歴史家,独立運動家.『朝鮮上古史』などで「民族史学」を確立した.朝鮮の「完全独立」を主張して,1919 年に樹立された大韓民国臨時政府で李承晩を激しく批判し,1923 年,「朝鮮革命宣言」を起草した.

鈴木成高（1907-88）：47 頁

ヨーロッパ中世史研究やランケ研究で知られる．京都学派を代表する一人で，1942 年の「近代の超克」をめぐる座談会にも出席した．

鈴木武雄（1901-75）：202 頁

経済学者．京城帝国大学教授をつとめた．著書に『現代日本財政史』上・中・下（東京大学出版会，1952-1960 年）など．

孫晋泰（ソン・ジンテ　1900-?）：57 頁

歴史・民俗学者．早稲田大学文学部卒業．1930 年代に延禧専門学校などで講師をつとめたのち，解放後はソウル大学校教授となった．朝鮮戦争時に北朝鮮に連行され，以後消息不明となった．民族内部の階級的対立を克服するという新民族主義を主張した．

田保橋潔（1897-1945）：167 頁

朝鮮史研究者で，京城帝国大学教授として朝鮮総督府の朝鮮史編集にも従事した．『近代日鮮関係の研究（上・下）』（朝鮮総督府，1940 年）など．

崔済愚（チュ・ジェウ　1824-64）：163 頁

朝鮮の宗教家で，1860 年に儒教，仏教，民間信仰などを融合して東学を創始した．

ニーダム，ジョゼフ（1900-95）：98 頁

イギリスの科学史家，生化学者．大著『中国の科学と文明』を著した．

野呂栄太郎（1900-34）：76 頁

経済学者，社会運動家．マルクス主義経済学の立場から日本の社会・経済を分析して強い影響力をもった『日本資本主義発達史講座』の作成に当たり，中心的役割を果たした．

朴憲永（パク・ホニョン　1900-55）：186 頁

朝鮮の民族運動家．三・一運動に参加し，後に朝鮮共産党の創設に加わった．解放後，共産主義運動の指導者として南朝鮮労働党（南労党）を結成したが，アメリカ軍政の弾圧のもとで，北に逃れた．朝鮮民主主義人民共和国の副首相，外相をつとめたが，朝鮮戦争後，金日成によってアメリカのスパイとして処刑された．

旗田巍（1908-94）：66, 208 頁

朝鮮史の研究者で，『朝鮮中世社会史の研究』（法政大学出版局，1972年），『朝鮮史』（岩波書店，2008年）などの著作があり，朝鮮史研究会の会長をつとめて多くの研究者を育てた．

服部四郎（1908-95）：48頁

言語学者．世界各地の多岐にわたる言語の実証的研究によって，日本における言語学の確立に貢献した．『日本語の系統』（岩波文庫，1995年）など．

パニッカル，K. M.（1896-1963）：15頁

インドの歴史家．『西洋の支配とアジア　1498-1945』などの著作がある．

羽田亨（1882-1955）：47頁

東洋学者．敦煌文書などの調査・研究によって，日本における西域文化史研究の基礎を築いた．『西域文明史概論』（平凡社，1992年）など．

平泉澄（1895-1984）：48頁

日本中世史研究者として頭角をあらわした後，1930年代には，皇国史観の代表的論客となり，戦後は公職追放の対象となった．『中世に於ける社寺と社会との関係』（至文堂，1926年）など．

フェアバンク，ジョン・キング（1907-91）：165頁

アメリカの中国研究者．ハーヴァード大学東アジア研究所長を長くつとめるなど，アメリカでの東アジア研究を主導した．『中国の歴史——古代から現代まで』（ミネルヴァ書房，1996年）など．

マニュエル，フランク（1910-2003）：110, 162頁

アメリカの思想史家．ユートピア思想や，ニュートン，マルクス，サン・シモンの研究などで知られる．『サン-シモンの新世界』（恒星社厚生閣，2003年）など．

マルクーゼ，ハーバート（1898-1979）：101, 162頁

ドイツ生まれの哲学者，ナチスドイツを逃れた後アメリカで活躍し，管理社会を告発する思想で強い影響力をもった．『理性と革命』（岩波書店，1961年），『エロス的文明』（紀伊国屋書店，1958年）など．

三上次男（1907-87）：48頁

アジア各地の陶磁器史の研究などで知られる．中国陶磁片の調査研究によって，陶磁の道（海のシルクロード）という概念を確立した．『陶磁の道』（岩波新書，2002 年）など．

三品彰英（1902-71）：47, 58 頁

朝鮮と日本の古代史の研究を行い，『日本書紀朝鮮関係記事考証』などの著作がある．

文一平（ムン・イルピョン　1888-1939）：61 頁

歴史家，ジャーナリスト．日本の東京専門学校（後の早稲田大学）中退．1930 年代に「朝鮮日報」などの新聞紙上に韓国史に関する読み物を多く発表した．

矢内原忠雄（1893-1961）：69, 76 頁

経済学者，思想家．東京大学経済学部で植民地政策を講じていたが，日中戦争開始後，日本の侵略を批判する雑誌論文を書いたことにより，大学を追われた．戦後復職し，東京大学総長をつとめた．無教会派キリスト者としても活躍した．『帝国主義下の台湾』（岩波書店，1988 年）など．

山本達郎（1910-2001）：48 頁

東南アジア史，インド史を幅広く研究し，国際アジア・北アフリカ研究会議などを通じて歴史学の国際交流にも貢献した．『安南史研究』（山川出版社，1950 年）など．

呂運亨（ヨ・ウニョン　1886-1947）：186 頁

朝鮮の民族運動家．1919 年上海で設立された大韓民国臨時政府に参加した．解放後，朝鮮建国準備委員会を結成し，朝鮮人民共和国樹立を宣言したが，アメリカの軍政開始で挫折した．47 年，右派の青年によって暗殺された．

英親王垠（ヨンチンワン・ウン　1897-1970）：184 頁

大韓帝国最後の皇太子（1907-1910）．高宗の子で，大韓帝国最後の皇帝純宗（韓国併合後は李王となる）の異母弟．1920 年に梨本宮方子と結婚，1926 年，純宗が逝去したことによって李王となる．

劉知幾（661-721）：42 頁

唐の歴史家で，その著書『史通』20 巻は，中国歴史論の代表的古典

とされている．

ルクセンブルク，ローザ（1871-1919）：131頁

ドイツの社会主義者，革命家．ドイツ社会民主党左派の指導者として，第一次世界大戦中は獄中から反戦を訴えた．1918年ドイツ共産党の創設に参加，19年1月に逮捕され，虐殺された．『ロシア革命論』（論創社，1985年）など．

ワーグナー，エドワード（1924-2001）：165頁

アメリカにおける朝鮮史研究の開拓者と目される歴史家．日本で研究を行ったこともあり，在日朝鮮人についての研究もある．

和田清（1890-1963）：48頁

清朝史の研究者で『中国史概説』（岩波書店，1950年）などの著作がある．